Ralph Dutli
Fatrasien

PIPER

Zu diesem Buch

Wer auf die »Fatrasien« stößt, traut seinen Augen nicht. Wie kann es sein, dass diese surrealistisch anmutenden, erstaunlich modern wirkenden absurden Sprachspektakel im tiefsten Mittelalter entstanden sind? Eine tollkühne Fantasie hat hier um das Jahr 1290 reimend Dinge zusammengebracht, die nie und nimmer zusammengehören. Die anonymen »Fatrasien« aus der nordfranzösischen Stadt Arras sind nur in einer einzigen Handschrift des 13. Jahrhunderts aufbewahrt worden. Nach mehr als siebenhundert Jahren hat Ralph Dutli sie nun erstmals ins Deutsche übersetzt und legt damit eine bisher unbeachtete Wurzel der modernen Poesie frei.

Ralph Dutli, geboren 1954 in Schaffhausen/Schweiz, Studium der Romanistik und des Russischen in Zürich und Paris. Er lebte von 1982–1994 in Paris. Er ist Essayist, Lyriker und Übersetzer sowie Herausgeber der zehnbändigen Ossip-Mandelstam-Gesamtausgabe. Mehrfache Auszeichnungen, unter anderem 2002 der Stuttgarter Literaturpreis. Der Autor lebt in Heidelberg.

Ralph Dutli

FATRASIEN

Absurde Poesie des Mittelalters

Piper München Zürich

Mehr über unsere Autoren und Bücher:
www.piper.de

Ungekürzte Taschenbuchausgabe
Piper Verlag GmbH, München
Juli 2012
© 2010 Wallstein Verlag, Göttingen
Umschlaggestaltung: semper smile, München, nach einem Entwurf
von Susanne Gerhards, Düsseldorf, unter Verwendung einer Miniatur
des Macclesfield Psalter, Fitzwilliam Museum Cambridge
Satz: Wallstein Verlag/Satz für Satz. Barbara Reischmann, Leutkirch
Gesetzt aus der Stempel Garamond
Papier: Munken Print von Arctic Paper Munkedals AB, Schweden
Druck und Bindung: CPI – Clausen & Bosse, Leck
Printed in Germany   ISBN 978-3-492-27395-4

Anonym:

Die Fatrasien aus Arras

I

Frost ohne Kälte
verlieh zu Wucherzinsen
wenig für gar nichts.
Kein Lebewesen
spannte Saphire
aus dem Orient auf die Folter.
Schönwetter aus Regen und Wind
und hellichter Tag bei finstrer Nacht
lieferten sich ein Turnier;
auf einer Handvoll saubersten Drecks
schmolzen sie Kupfer in Dinant.

Jaler sans froidure
Prestoit a usure
Auques por noient.
Nule creature
Metoit em presure
Safirs d'Oriant.
Biau tans de pluie et de vent
Et cler jor par nuit oscure
Firent un tornoyement;
Sor plain poing de neste ordure
Fondoient coyvre a Dynant.

Dinant: Stadt an der Meuse im heutigen Belgien, im Mittelalter bekannt für ihre Kupferwaren.

2

Ein Käse aus Wolle
trägt eine Woche
hin zum Sankt-Remigius-Tag,
und eine Strohpuppe
rannte über die Seine
auf anderthalb Fürzen;
die Welt spaltete sich mittendurch.
Eine Käsemade mit angezapfter Vene
sagte zu ihnen: »Bei meiner Seele,
ich habe einen Scheffel Hafer
in den Arsch einer Ameise gesteckt.«

Fourmage de laine
Porte une semaine
A la Saint Remi,
Et une quintaine
Couroit parmi Saine
Sor pet et demi;
Li siecles parti parmi.
Uns suirons sainicz de vaine
Leur dit: « Par l'ame de mi,
J'ai repost un mui d'avaine
Dedenz le cul d'une fremi ».

Sankt-Remigius-Tag: der 1. Oktober, zu Ehren von Saint Rémy (um 437 bis 530 n. Chr.), Bischof von Reims; wichtiger Zahltermin.

3

Ein Brettspiel
besingt einen Kerker
aus hingebungsvoller Liebe.
Ein fliegendes Schloss
nähte mit einer weichen Birne
einen Ofen wieder zusammen.
Sie wären von ihrem Turm gestürzt,
wäre nicht ein Strohballen gewesen,
der sich vor Tageslicht bewaffnete
für ein Würfelspiel,
das den höchsten Turm zu Fall brachte.

Uns giex de nipole
Chante une jaiole
De loial amour.
Uns chastiaus qui vole
D'une poire mole
Recousoit un four.
Ja cheïssent de lor tour,
Ne fust une palevole
Qui s'arma devant le jour
Por le gieu de la grimole,
Qui minoit la maistre tour.

4

Eine Wurst aus Glas
machte ihr Gepäck bereit,
um nirgendwohin zu gehen.
Ein Flame aus Burgund
pupste, um besser zu furzen,
Lateinisches auf griechisch,
und ein Furz auf hebräisch
machte Humpen aus Jouarre;
er stürzte sich in große Unkosten,
als ein kleines Bündel Stroh
ein neues Spiel begann.

Andoille de voirre
Aprestoit son oyrre
Por aler nuleu.
Uns Flamens d'Auçuerre
Vessoit por miex poirre
De latin en grieu,
Et uns pez fait en ebrieu
I faisoit hanas de Juerre;
Molt em faisoit grant aleu,
Qant uns petis faiz de fuerre
Commença un noviau geu.

Jouarre: Kleinstadt, 65 km östlich von Paris.

5

Zwei Wucherer-Ratten
träumten davon,
ein Liedchen zu dichten.
Drei Blaufußfalken
stopften einen Korb voll
mit den »Versen vom Tod«.
Ein Stummer sagt, sie täten unrecht,
denn der Schatten eines alten Böttchers,
der einschläft, um besser zu wachen,
schrie ihnen zu: »Legt eure Rüstung an
und liefert ein erbarmungsloses Turnier.«

Dui rat userier
Voloient songier
Por faire un descort.
Troi faucons lanier
Ont fait plain panier
Des Vers de la Mort.
Uns muiaus dit qu'il ont tort
Por l'ombre d'un viez cuvier
Qui por miex villier s'endort,
Qui cria: »Alez lacier
Por tornoier sanz acort«.

»Verse vom Tod«: von Hélinant de Froidmont, 1197, christliche Mahnung an den Tod in 50 Strophen zu 12 achtsilbigen Versen. Ein Dichter aus Arras, Robert Le Clerc, schuf 1267 ein gleichnamiges Werk mit 312 Strophen. Beide sind Vorläufer der Totentanz-Dichtung des Spätmittelalters. »Vers de la Mort«, ein Wortspiel: Die Pluralform »vers« bedeutet auch »Würmer«.

6

Ein Käse vom Kranich
niest in der Nacht
beim Bellen eines Hundes.
Ein Messer in Keulenform
springt auf und brüllt ihn an,
sagt ihm aber nichts.
Ein Mistkäfer segnet ihn,
als der Rücken eines Blutegels,
der einem Dachbalken die Beichte abnahm,
scheißen muss, so sehr prügelten sie ihn
laut Meinung der Ärzte.

Formaige de grue
Par nuit esternue
Sor l'abai d'un chien.
Uns coutiaus maçue
Saut et si le hue,
Si ne li dit rien.
Uns escharbos li dit bien,
Qant li dos d'une sansue,
Qui confessoit un mairien,
Ja chie, tant l'ont batue,
Dient cil fusicien.

7

Im Winkel einer Möse
sah ich einen Dachs
eine Goldstickerei weben,
und ein kleines Käppchen
lenkte die Landschaft Vermandois
mitten durchs Städtchen Laon.
Ich sagte ihnen auf schottisch:
»Könnte man fette Erbsen machen
aus den Hoden eines Schmetterlings?
Und aus dem Schwanz einer Weinbergschnecke
Schlösser und Glockentürme?«

En l'angle d'un con
La vi un taisson
Qui tissoit orfrois,
Et uns chapperon
Parmi Monloon
Menoit Vermendois.
Je lor dis en escoçois :
« Des coilles d'un papillon
Porroit on faire craz pois ?
Et dou vit d'un limeçon
Faire chastiax et beffrois ? »

Vermandois: Landschaft nördlich des Pariser Beckens. – Laon: Bischofsstadt auf einem Hügel in der Champagne, mit einer der ersten gotischen Kathedralen.

8

Ein Mörser aus Federn
trank den ganzen Schaum
des weiten Meeres aus,
aber ein Amboss,
der sehr mürrisch war,
tadelt ihn heftig.
Ein Kater fing an zu weinen
so sehr, dass das Meer Feuer fing.
An einem Donnerstag nach Abendbrot
wurde eine Feder gezwungen,
mit vier Säuen Hochzeit zu machen.

Uns mortiers de plume
But toute l'escume
Qui estoit en mer,
Ne mais une enclume
Qui molt iert enfrume
Si l'en va blamer.
Uns chas emprist a plorer
Si que la mer en alume.
Un Juedi aprés souper
La covint il une plume
Quatre truies espouser.

9

Ich sah einen Turm,
der auf einen Streich
bis zu den Wolken flog,
dann sah ich einen Halbtag
in einen Ofen kriechen,
vier Kranichen hinterher;
wenn nicht zwei Keulen
mit einer schweren Armbrust
zwei Nönnchen gefickt hätten,
wären vier zerschlissene Unterröcke
unwiederbringlich gestorben.

Je vi une tour
Qui a un seul tour
Vola duqu'a nues,
Si vi demi jour
Entrer en un four
Aprés quatre grues;
Se ne fussent deus maçues
Qui d'une arbaleste a tour
Orent deus nonnains foutues,
Mortes fussent sanz retour
Quatre cotes descousues.

10

Ich sah ein Kreuz
durch die Provinz um Arras reiten
auf einem Kochkessel,
und eine alte Hecke
lenkte die Landschaft Vermandois
mitten durch einen Stein.
Wäre nicht ein Kirchenfenster gewesen,
hätten zwei Weinbergschnecken, sogar drei,
zehn Engländer gezwungen,
von Paris bis nach Bayern
zu schreien: »Barbara und O-Gott-o-Gott«.

Je vi une crois
Chevauchier Artois
Sor une chaudiere,
Et une viez sois
Menoit Vermendois
Parmi une pierre.
Se ne fust une verriere,
Dui lymeçons, voire trois,
De Paris duqu'en Bauvere
Eüssent fait dix Anglois
Huchier: «Barbe et Godiere».

Barbara: jungfräuliche Märtyrerin und Heilige, im 3. Jahrhundert. Ein Fels tat sich auf, um sie aufzunehmen, als ihr Vater sie verfolgte. Schutzpatronin der Bergwerker und Steinmetzen.

11

Ich sah Saint-Quentin
Saint-Aubin packen
und damit auf Saint-Omer einschlagen,
sah Arras und Blangy
hinter Chauny
ihr Bündel hertragen;
eine Käsemade wollte sie ausrauben.
Wären nicht zwei Küken gewesen,
die ein Engländer ausbrüten sollte,
wäre Saladin verraten worden
am Eingang zum Meer.

Je vi Saint Quentin
Qui de Saint Aubin
Feri Saint Omer,
Arras et Blangi,
Derierre Chauni
Lor trossiax porter;
Uns surons les voust rober.
Se ne fussent dui poucin
C'uns Anglois devoit couver,
Traïs fust Salahadins
A l'entree de la mer.

Saint-Quentin, Saint-Aubin, Saint-Omer: Ortsnamen um Rouen und Beauvais, die weit auseinander liegen und nichts miteinander zu tun haben. – Saladin: Sultan von Ägypten und Syrien (1137-1196), eroberte 1187 Jerusalem zurück, das die Christen seit dem Ersten Kreuzzug 1099 besetzt hielten.

12

Katzen mit abgezogenem Fell
brannten darauf,
Knoblauch zu schälen;
zwei ersoffene Säue
waren deswegen sehr aufgebracht
und ergriffen zwei Prügel.
Wäre nicht ein graues Kälbchen gewesen,
wären zwei verbannte Mäuse,
die aus Cîteaux kamen,
schon längst entschlossen,
Paris nach Meaux zu tragen.

Chates escorchies
Erent enragies
Por peler blans aus;
Deus truies noïes
S'en sont couroucies
S'ont pris deus pestaus.
Se ne fust uns gris veäus,
Deus suris forspaïsies
Qui venoient de Cytiax
Estoient ja conseillies
De porter Paris a Miax.

Cîteaux: im Jahr 1098 von Robert de Solesme gegründete Abtei im Burgund, die zur strikten Befolgung der Ordensregel des Heiligen Benedikt zurückkehren wollte; Ursprungsort des Zisterzienser-Ordens. – Meaux: Bischofsstadt an der Marne, 45 km östlich von Paris.

13

Ein totgeborener Greis
mit einer kurzen Nase
trug eine Mühle.
Ein völlig verdrehter Kater
kleidete sich schön
mit zwei Leinenlaken.
Ein voller Topf Schmalz
hätte sie alle überrumpelt
am Eingang zu einem Garten,
als eine Ratte die Fürze
eines alten Tataren dorthin entführte.

Uns viellars mors nez
Qui avoit court nez
Portoit un molin.
Uns chas bestornés
C'est bien atornés
De deus dras de lin.
Plain possonnet de saïn
Les eüst touz estonnez
A l'entree d'un jardin,
Qant uns ras i a menez
Les pez d'un viez Tartarin.

Knoblauchsoße aus Stroh,
Käse aus Brot
und Bohnen aus Erbsen,
und Kiesel aus Korn
und Steine aus Heu
und ein französischer Schotte.
Ein Griechisch sprechender Kater
trug Herrn Alain davon,
was ihm großen Ärger bereitete,
als zwei Affen als Schlossherren
auf der Landschaft Vermandois ritten.

Aillie d'estrain,
Formage de pain
Et feves de pois,
Et kailleus de grain
Et pierres de fain
Et Escot françois.
Uns chas qui parloit griois
Emportoit seignor Alain,
Dont ce fu trop grans anois,
Qant dui singe chastelain
Chevauchoient Vermendois.

Herr Alain: ein Unbekannter, vermutlich lokales Original.

15

Ein Seidenstoff aus Wolle
hatte große Mühe,
eine Erbse zu krümmen.
Dass ihm Blut abgezapft werde,
kam Babylon herbei,
Französisch zu lernen.
Ihm entgegen die Landschaft Vermandois,
die atemlos wieherte
auf einem großen Pferd mit Goldrand.
An einem Tag außerhalb der Woche
ergriffen vierzehn Monate die Flucht.

Uns cendaus de laine
Estoit en grant paine
De corber un pois.
Por sainier de vaine
Venoit Babiloine
Apenre françois.
Encontre vint Vermendois
Qui hanissoit sans alaine
Sor un grant cheval d'orfrois.
Par un jour hors de semaine
S'emfuient quatorze mois.

Babylon: die Stadt in der Bibel (1. Buch Mose, 11, 1-9), wo Gott zur Strafe für die Überheblichkeit der Menschen, die einen himmelhohen Turmbau errichten wollten, die Sprachen »verwirrte«, auf dass »keiner des andern Sprache verstehe«; im Mittelalter oft mit der Stadt Kairo verwechselt.

16

Senf von einer Ente
trug die Stadt Damiette
hinters Abendland hinaus.
Der Schwanzprügel eines Wägelchens
klopfte das Jungfernhäutchen
eines Korbs voller Wind.
Ein Kater, der den Mond verkauft,
springt her und schubst mit dem Ärschchen
zehn Ameisen in ein Kloster,
so dass Paris davonflattert
von Akko bis zum Abendland.

Moustarde d'anete
Portoit Damiete
Derier Occident.
Uns vit de cherete
Batoit l'entrepete
Plain panier de vent.
Uns chas qui la lune vent
Saut avant et si culete
Dix fremis en un couvent,
Si que Paris en volete
D'Acre duqu'en Occident.

Damiette: Stadt im östlichen Nildelta, im 6. Kreuzzug 1249 vom französischen König Ludwig dem Heiligen erobert, der sie jedoch aufgeben musste, um sein Lösegeld zu zahlen, nachdem er in Mansurat geschlagen und gefangengesetzt worden war; heute das ägyptische Dumyat. – Akko: in der Antike Ptolemais, 1104 von Kreuzfahrern erobert, ab 1191 Hauptstadt des als Reststück verbliebenen »Königreichs Jerusalem«, nachdem Jerusalem 1187 durch Saladin wieder muslimisch wurde; heute in Israel.

17

Der Klang eines Blashorns
aß zu saurem Wein
das Herz eines Donners,
als ein toter Schnabel
mit der Vogelfalle
den Lauf eines Sterns einfing.
In der Luft flog ein Roggenkorn,
als das Bellen eines Hechts
und ein Stummel Leinwand
einen Furz beim Ficken fanden
und ihm das Ohr abschnitten.

Li sons d'un cornet
Mengoit a l'egret
Le cuer d'un tonnoire,
Qant uns mors bequet
Prist au trebuchet
Le cours d'une estoile.
En l'air ot un grain de soile,
Qant li abais d'un brochet
Et li tronçons d'une toile
Ont trové foutant un pet,
Si li ont coupé l'oreille.

Das Ohr abschnitten: Strafe, die Vagabunden und Dieben zugefügt wurde.

18

Fette weiche Steine
hielten Schule ab,
um Fürze in den Schlaf zu wiegen.
Zwei alte Zithern
leerten kleine Fläschchen,
um Fliegen auszupupsen.
Ich besitze, was ich begehre.
Jetzt beginnen Ringeltänze
ganz behaglich Lobgesänge
und Kyrieeleison zu singen,
die sie soeben durchgeknetet haben.

Crasses pierres moles
Tenoient escoles
Por pes endormir.
Deus vielles cytoles
Vuidoient fioles
Por mouches vessir.
J'ai bien ce que je desir.
Or commencent les quaroles
Si avoient bon leisir
(…) laus kyrioles
Qui venoient de pestrir.

19

Ein Drache von Hühnchen
wurde zur wilden Bestie,
um an Geld zu kommen.
Ein Hering kämmt sich,
um Hass zu ernten
von ganz verschiedenen Leuten.
Sehr schön und vornehm lebte
ein Jemand, der ihre Absichten kannte.
Ein Kloster schwamm herbei,
das seinen Urin vorgezeigt hatte
von Akko bis zum Abendland.

Dragons de geline
Devenoit ferine
Por avoir argent.
Uns herens se pingne
Por avoir haïne
De dyversses gent.
Molt se vivoit bel et gent
Cil qui savoit lor covine.
Uns mostiers i vint nagant
Qui avoit moustré s'orine
D'Acre duqu'en Ocident.

Auf der Erde lebende Aale
machten großes Kriegsgeschrei,
um zur Beichte zu gehen.
Aber England aß
einen ganzen Stein auf,
um seine Seele zu retten.
Ein toter Mann ließ sich hintragen,
und eine Tür, die aufging,
wollte übers Meer fahren
mit einem Rosenkranz aus Efeu
an einem Donnerstag nach Abendbrot.

Anguiles de terre
Fesoient grant guerre
D'eles comfesser,
Ne mais Engleterre
Mengoit une pierre
Por s'ame sauver.
Uns mors hom s'i fist porter,
Et uns huis qui se desserre
Voloit aler outremer
Atout un chapelet d'ierre,
Le juedi aprés souper.

21

Ein Strohballen
machte einen Mühlstein drehen
aus Porphyr-Marmor,
und ein Fressmäulchen
kam aus der Schule
vom – was wohl? – Lesen.
Ein Katzenhut als Arztperson,
soeben aus der Schule zurück,
sagte ihm Gemeinheiten.
Die Nacht schlief mit ihrer Urgroßmutter
und zeugte ein Wachspüppchen.
Es kam zur großen Versammlung
von allerlei Würfelspielen,
ganz ohne Reden und Worte.
Alle Toten eines Friedhofs
machten einen Ringeltanz;
jeder kann singen und lesen
und Harfe spielen auf der Viola.

Une palevole
Tornoit une mole
De marbre porfire,
Et une brifole
Venoit de l'escole
D'un [?] lire.
Uns chapiaus de chaz en mire,
Noviaz revenus d'escole,
Li prist vilonie a dire.
La nuit jut avec s'ailole,
S'engenra un voust de cire.
Molt en tinrent grant consile
Tuit li gieu de la grimole
Se n'o raison ne parole.
Tuit li cors d'un cimentire
Se pristrent a la karole;
Chascun set chanter et lire
Et harper a la viole.

Ein behaarter Kiesel
wurde zum Mönch,
seine Sünden beweinend,
und eine alte Truhe
tötete vier Herzöge
gegen den eigenen Willen.
Es wäre schlimm ausgegangen,
wäre nicht ein Nieser gewesen,
den die drei im Schlaf taten,
der sagte, dass König Arthur
schwanger sei mit lebendem Kind.

Uns kailleus veluz
Devenoit rendus
Ses pechiez plourant,
Et uns vieue baüs
Ocist quatre dus
Son cors desfendant.
Mais mal lor fust convenant
Se ne fust uns eternus
Qu'il troi firent en dormant,
Qui dit que li rois Artus
Estoit gros de vif emfant.

König Arthur: mythischer König im 6. Jahrhundert, stand im keltischen Sagenkreis der Tafelrunde ausgewählter Ritter vor (Erek, Gawein, Iwein, Lancelot, Parzifal u.a.). Der »schwangere König« ist ein Karnevalsmotiv.

23

Der Furz einer Käsemade
wollte in seinem Käppchen
Rom davontragen.
Ein Ei aus Baumwolle
nahm den Schrei
eines Ehrenmannes beim Kinn.
Der Gedanke eines Spitzbuben
hätte ihn schließlich fast verprügelt,
als ein Apfelkern
ganz laut ausrief:
»Woher kommst du? Wohin geht's? *Welcome!*«

Li pez d'un suiron
En son chapperon
Voloit porter Romme.
Uns oés de coton
Prist par le menton
Le cri d'un preudomme.
Ja le ferist en la somme
La pensee d'un larron,
Qant li pepins d'une pomme
C'est escriez a haut ton:
«Dont viens? Ou vas? *Huillecomme!*»

24

Der Schatten von einem Ei
trug das Neujahr
auf dem Boden eines Topfs.
Zwei alte neue Kämme
formten einen kleinen Ball,
um im Trab zu reiten.
Als jeder seine Zeche zahlen musste,
rief ich, der ich mich nie rühre,
ohne ein Wort zu sagen aus:
»Nehmt die Feder eines Ochsen
und kleidet damit einen klugen Dummkopf.«
Torenlohn, Torenlohn,
selber Hahnrei und weiß nichts davon.

Li ombres d'un oef
Portoit l'an renuef
Sus le fonz d'un pot.
Dui viez pingne nuef
Firent un estuef
Pour courre le trot.
Qant vint au paier l'escot,
Je, qui omques ne me muef,
M'escriai, si ne dis mot:
« Prenez la plume d'un buef
S'en vestez un sage sot ».
Dorenlot, va dorenlot,
Tex est couz qui n'en set mot.

Torenlohn, Torenlohn: das altfranzösische »dorenlot« bedeutet »Refrain«. In einem zauberhaften anonymen Werk der altfranzösischen Literatur, »Aucassin et Nicolette« (Anfang 13. Jh.), bezeichnet das fantastische Reich »Torelore« eine sanfte verkehrte Welt, wo Männer Kinder gebären und Frauen in die Schlacht ziehen, die allerdings mit faulen Äpfeln, Eiern und weichem Käse geschlagen wird. Die den Klang imitierende deutsche Übersetzung ist ein Echo auf diesen seltsamen Ort.

25

Eine alte Bratpfanne
wollte alle aus Brüssel
samt und sonders vollpissen,
und eine Leier
sang in einem Käsekorb
von Ogier dem Dänen.
Von der Spitze eines Klosters
sah ich ein Fass
die Zinsen eines Wucherers widerrufen,
als Auxerre und La Rochelle
bereits unruhig wurden.

Une viez paele
Touz cex de Broucele
Voloit compissier,
Et une viele
Chantoit em fessele
Dou Danoys Ogier.
Sor le comble d'un moustier
Vi un tonnel qui rapele
Les montes d'un userier,
Qant Auçuerres et Rochele
L'empristrent a esmaier.

Ogier der Däne: Ritter-Held des altfranzösischen Epos »La Chevalerie Ogier« von Raimbert de Paris (Ende 12. Jh.), erneuert von Adenet Le Roi (um 1275). – Auxerre und La Rochelle: Städte im Burgund und an der Atlantikküste, beide im Mittelalter für ihre Weine berühmt.

26

Ein einheimischer Fremder
hegte in Gedanken
eine grandiose Höflichkeit:
In zwei verlöcherten Säcken
hatte er alle aus Percy
nach Paris getragen
an die Weinhefestraße;
er hätte sie in einem Humpen
voller Brei beinah dort abgeliefert,
als ein bewaffneter Schneckerich
laut schrie »Ein Berg von Freude!«

Estranges privez
Estoit porpensez
De grant courtoisie;
En deus saz troez
Avoit aportez
Touz cels de Percie
A Paris en Sacalie;
La les eüst delivrez
Em plain hanap de boulie,
Qant uns lymeçons armez
Hautement «Monjoie» escrie.

Percy: Ort unweit von Saint-Lô in der Normandie, auf der Halbinsel Cotentin. – »Ein Berg von Freude!«: »Montjoye!«, Schlachtruf der französischen Ritter im Mittelalter; Name des Schlachtbanners, das bei den Mönchen in Saint-Denis nördlich von Paris aufbewahrt wurde. Der heilige Dionysius galt als Schutzpatron der französischen Könige, die in der ihm geweihten Kathedrale bestattet wurden.

27

Der Fuß eines Schemels
reitet auf La Rochelle
von Huy nach Dinant,
und eine Bratpfanne
scherte ihr Unterröckchen ab
von Brügge bis Gent.
Eine Mühle flog her,
die hatte ein Schwälbchen gepackt.
Eine Wachtel kam weinend herbei
und ein jungfräuliches Hürchen,
befreit von einem Tyrannen.

Li piez d'une sele
Chevauche Rochele
De Hui a Dynant,
Et une paele
Tondoit sa cotele
De Bruges a Gant.
Uns molins i vint volant
Qui ot pris une arondele.
Uns caillex i vint plorant,
Et une putain pucele
Delivree d'un tyrant.

28

Ein Pferd aus Asche
schrie: »Erbsen zu verkaufen!«
Vom Fuß einer Käsemade
ließ ein Furz sich aufhängen,
um ihn besser zu beschützen
hinter einem Kobold.
Da wunderte man sich sehr,
dass die Seele so früh geholt wurde
vom Kopf eines Lauchs,
weil der alles wissen wollte
von Gerhard aus Roussillon.

Uns chevax de cendre
Crioit pois a vendre.
D'un pet de suiron
Uns pez ce fist pendre
Por li miex deffendre
Derier un luiton.
La s'en esmervilla on
Que tantost vint l'ame prendre
La teste d'un porion,
Por ce qu'il voloit aprendre
De Gerart de Rossillon.

Gerhard aus Roussillon: Held eines altfranzösischen Epos (12. Jh.), der sich gegen Karl den Großen auflehnte, weil der seine Verlobte Elissent geheiratet hatte; er lebte zwanzig Jahre als Köhler verkleidet im Ardennenwald, bis zur Aussöhnung mit seinem Lehnsherrn.

29

Ein Furz mit zwei Ärschen
zog sein kirchliches Gewand an,
um Grammatik zu lehren,
und ein gehörnter Kater
machte sich zum Einsiedler
und zog das Büßerhemd an.
Ein Stück grau gesprenkelten Ärmels
sagte zu ihnen: »Zieht euch zurück!«
Er brachte sie singend zum Schweigen,
als der Schatten eines Holunders
herbeilief, ihm die Hose runterzuziehen.

Uns pez a deus cus
S'estoit revestus
Por lirre gramaire,
Et uns chas cornus
Devenoit reclus
Si vesti la haire.
Li pans d'une manche vaire
Lor a dist: «Traiés ensus!»
En chantant les faisoit taire,
Qant li ombres d'un seüs
I corut ses braies traire.

30

Ein runder Baum
schleppte das Meer
über Soissons hinauf.
Ein Lerchenfalke
ging ihm mit seinen Flügelchen
Luft zufächeln.
Er hätte alles einstürzen lassen,
wäre nicht ein Schneckerich gewesen,
der die Erde zu bewachen hatte
und zwei Gänschen befahl,
vier Spitzbuben abzuschleppen.

Uns arbres reons
Pardesus Soissons
Traïnoit la mer.
Uns esmerillons
Des ces allerons
L'aloit esventer.
Ja feïst tout craventer,
Se ne fust uns limeçons
Qui la terre ot a garder,
Qui commanda deus oisons
Quatre larrons traïner.

Soissons: Stadt zwischen Reims und Compiègne, 170 km vom Meer entfernt.

31

Ein halber Scheffel Hafer
zapfte sich Blut aus der Vene ab,
um Lob einzuheimsen.
Vierzig Tage
jubelten voller Freude
hinter seinem Rücken.
Ohne das Lachen eines Hahns
zwischen Pfingstfest und dem Dorf Braine,
dessen Fleisch die Knochen abnagte,
würde er noch diese Woche aufgehängt.
Wir bitten dich, erhöre uns.

Demi mui d'avaine
Ce sainoit de vaine
Por aqueillir los.
Une quarantaine
Grant joie demaine
Par derier son dos.
Se ne fust li ris d'un coc
Qu'entre Pentecouste et Braine
Dont la char ronga les os,
Pendus fust en la semaine.
Te rogamus, audi nos.

Vier aufgehäufte Ratten
fabrizierten Geldmünzen
aus einem alten Rabenjungen.
Ein Mönch aus Kreide
zappelte vor Freude,
einen Schinken fickend.
Hört her, was ich sage:
Ohne den Ort Pommeraie,
der auf einem Fischlein ritt,
würde die Fastenzeit am Riemen
aufgehängt von einem Hodensack.

Quatre rat a moie
Faisoient monnoie
D'un viez corbillon.
Uns moines de croie
Faisoit molt grant joie
De foutre un bacon.
Entendez a ma raison:
Se ne fust la Pommeroie
Qui chevauchoit un gojon,
Penduz fust par la courroie
Karesmes par un coillon.

Pommeraie: Ort bei der Bischofsstadt Angers an der Loire.

33

Eine vom Schwein geborene Kuh,
ein vom Kalb geborenes Lamm,
von einem Enterich geborenes Mutterschaf.
Zwei hässliche schöne Männer
und zwei ekelhafte Heilige,
zwei kluge Hohlköpfe,
zwei von einem Stier geborene Kinder,
die von Reineke Fuchs sangen,
auf der Spitze eines Messers
trugen sie Château-Gaillard.

Vache de pourcel,
Aingnel de veel,
Brebis de malart.
Dui lait home bel
Et dui sain mesel,
Et dui saiges sotart,
Dui emfant nez d'un torel
Qui chantoient de Renart,
Seur la pointe d'un coutel
Portoient Chastel Gaillart.

Reineke Fuchs: »Le Roman de Renart«, populäres Tierepos, entstanden 1174 bis 1250. – Château-Gaillard: im 12. Jh. von Richard Löwenherz erbaute Burg im Seine-Tal, beim Ort Les Andelys unweit der Stadt Rouen.

34

Ein schöner Mann ohne Kopf
veranstaltete ein großes Fest,
um Kieselsteine zu essen.
Eine furchtbar wilde Bestie
wäre, wer ihn noch stoppen könnte
an einem Donnerstag in Meaux,
und vier Eselinnen ohne Haut
machten ein großes Fest,
um ihnen die Kleider zu klauen.
Ebendort sang von Heldentaten
eine Wanne in zwei Fässern.

Uns biaus hom sans teste
Menoit molt grant feste
Por mengier cailliaus.
Molt est fiere beste
Cil qui l'en arreste
Un Juedy a Miaus,
Et quatre asnesses sanz piax
Demenoient molt grant feste
Por aus tolir lor drapiaus.
Illueques chantoit de geste
Une cuve en deus tonniaus.

35

Eine Rose von einem Karpfen
ritt auf einem Brett
am Flussufer der Oise.
Großen Aufruhr veranstaltete
ein Bündel von Schiefersteinen
im Innern eines Köchers.
Alle Heringe von Calais
tranken einen vollen Kübel Bier
beim Bischof von Beauvais,
der einem Brettchen die Beichte abnahm
für die Sünden, die es begangen hatte.

Rose de vendoise
Sor la riviere d'Oise
Chevauchoit une ais.
Molt menoit grant noise
Uns faisiaus d'adoise
Parmi un tarquais.
Tuit li herenc de Qualais
Burent plain pot de cervoise
Chiez l'evesque de Biauvais,
Qui confessoit une aisele
Des pechiez qu'elle avoit fais.

36

In Feldern und Städten
lässt sie ihren Spinnrocken laufen
ohne Füße und Hände.
Viele Schwindeleien kennt ein Jemand,
der von Abbeville
bis Reims Lenden ritt.
Ein großer Mann, der ein Zwerg war,
führte gut zehntausend
Affen herbei, lauter Kaplane.
Ratet mal, Kopf oder Zahl.
Der Erste war der Letzte.

A champ et a vile
Sa quenoille file
Sans piez et sans mains.
Molt savoit de guile
Cil qui d'Abevile
Chevauchoit a Rains.
Uns grans homs qui estoit nains,
Qui amenoit bien dix mile
De singes, touz chapelains.
Davinés ou croiz ou pile.
Li premiers fu deesrains.

Reims: Stadt in der Champagne, wo die französischen Könige gekrönt wurden. Hier obszönes Wortspiel (Rains/rains = Reims/Lenden, Kreuz) um den Ausdruck »Lenden reiten«.

37

Ein Hund mit abgezogenem Fell
hatte sein Kleidchen hochgerafft,
um Klöster zu säen,
und ein abgenutzter Kamm
wurde deswegen sehr wütend
und stürzte sich ins Meer.
So laut begannen Hühner
mit vier Füßen zu schwatzen,
dass sie ein Wildschwein fingen;
mit einem vollen Topf Honigwein
machten sie den Esel fliegen.

Uns chiens escorchiez
Estoit escourciez
Por mostiers semer,
Et uns pygnes viez
S'en est courouciez,
C'est saillis en mer.
Tant empristrent a parler
Gelines a quatre piez
Qu'elles pristrent un cengler;
Firent de plain pot de miés
Illueques l'asne voler.

38

Ein Kothaufen ohne Scheiße
misst das Meer aus,
wie lang es wohl sei.
Und ein Ei aus Butter
sagt zu ihm: »Wuschelkopf! Wuschelkopf!«,
sobald es ihn sieht.
Ein toter Mann, der gut sehen konnte,
sagte: »Veilchensirup! Sauertopf!«
Ein Kater, der Paris davontrug,
lief in raschem Lauf dorthin,
weil er keine Pfoten hatte.

Estrons sans ordure
La mer amesure
Com longue ele estoit,
Et uns oés de bure
Li dit «Hure! Hure!»
Qant il l'aperçoit.
Uns mors homs qui bien veoit,
Dit: «Violas! Bure! Bure!»
Uns chas qui Paris portoit
Y coroit grant aleüre
Por ce que nus piez n'avoit.

39

Großen Aufruhr machten
zwei Fürze, die eine Maus
in Salz einlegten.
Zwei Öfen fielen herab,
und zwei Säue sangen
im Innern eines Fasses.
Es sprachen viel von dem und jener
zwei Mäuse, die Reims
und Paris auf einem Pfahl wegtrugen,
so dass Ostern hinter Weihnachten
laut deswegen weinte.

Grant noise faisoient
Dui pet qui metoient
Une suris en sel.
Dui four en tomboient;
Deus truies chantoient
Parmi un tynel.
Molt parloient d'un et d'el
Deus suris qui emportoient
Rains et Paris sor un pel,
Si que forment em plouroient
Pasques derierre Noel.

Eine Kaldaune aus Senf
trödelte herum
am Hintern ihrer Tante,
und ein Ei schminkte sich,
um nicht anzubrennen
vom Furz einer Dirne:
Das ist das Lied der Schönen Aude.
Kam eine Trappe daher,
die Berthas Patentante war,
und eine muntere Sau,
die hatte eine Kirche im Schoß.

Tripe de moustarde
Se faisoit musarde
Dou poistron s'antain,
Et uns oés ce farde
Pour ce que il n'arde
D'un pet de putain;
C'est de la chançon d'Audain.
Lors i vint une bystarde
Qui fu commere Bertain,
Et une truie gaillarde,
Un mostier dedenz son sain.

Schöne Aude: Frauengestalt im französischen Nationalepos, dem »Rolandslied« (11. Jh.); Schwester des weisen Ritters Olivier und Verlobte Rolands. – Bertha: Mutter Karls des Großen, ebenfalls Figur eines altfranzösischen Epos, »Bertha mit den großen Füßen«, verfasst um 1274 von Adenet Le Roi.

41

Schmalz von einem Murmeltier
sang eine einzige Note
von Mantes bis Paris.
Ein kluges Dummerchen machte
aus einem Kapuzenunterrock
ein Lachen für es.
Jeder wäre mit Knoblauch garniert,
hätte nicht ein Sommerwinterstiefel,
der in zwei Fässchen
ein Schloss auf einen Hügel trug,
sie allesamt verblüfft.

Saÿn de marmothe
Chantoit une note
De Mante a Paris.
Une saige sote
D'une chappecote
Li a fait un ris.
Bien fust chascons d'aus garnis,
Ne fust uns estivaus bote
Qui portoit en deus baris
Un chastel sor une mote,
Si les a touz esmaris.

Mantes: Mantes-la-Jolie, Stadt im Seine-Tal, 60 km nordwestlich von Paris.

42

Ein schöner Mann ohne Kopf
veranstaltete ein großes Fest
für eine behaarte Möse,
und ein Fenster
streckte seinen Kopf heraus
und sah sie gespalten.
Großes Unglück wäre beinah geschehen,
als der Traum eines Tieres
schrie: »Zu Hilfe! Feuer!«
Er wollte den ganzen Herd verbrennen,
weil einer dort gefickt hatte.

Uns biaus hom sans teste
Menoit molt grant feste
Por un com velut,
Et une fenestre
A mis hors sa teste
Si vit le fendu.
Ja fust grant max avenu,
Qant li songes d'une beste
S'escria: «Hareu! Le fu!»
Trestout voloit ardoir l'aitre
Por ce c'om i ot foutu.

43

Ein heiliger Leib aus Celle
machte mit einem Leder vom Aal,
dass der Mond aufging,
und ein Aas
hatte eine Tochter,
die das Meer davontrug.
Sie wären tot angekommen,
wäre nicht eine Sichel gewesen,
die auszog, sie zu befreien
für ein *Hoppeldimoppel*
am Donnerstag beim Abendbrot.

Uns cors sainz de Cille
Fist d'un cuir d'anguille
La lune lever,
Et une morille
Avoit une fille
Qui portoit la mer.
Mort fussent a l'ariver,
Se ne fust une faucille
Qui les ala delivrer
Por une *byreliquoquille,*
Le Juedy au soupper.

Celle: La Celle-en-Brie, Benediktinerabtei bei Meaux.

44

Wasserbecken in Kerzenhalterform
waren Eseltreiber
beim König Dagobert.
Der Hintern von Aubert
konnte gut Leier spielen
und ihn quälen;
und der Furz von Herrn Gombert
ging sie alle aufwecken.
»Gott behüt Euch, Herr Robert«.
Ein Pfennig aus vier Gulden
sang vom heiligen Philibert.

Bacin chandelier
Furent sommelier
Au roy Dagombert.
Bien savoit villier
Et lui travillier
Li poitrons Aubert;
Et li pez sire Gombert
Les ala touz esvillier.
« Dex vos saut, sire Robert ».
Quatre sous en un denier
Chanta de saint Filebert.

König Dagobert: König der Franken (629 bis 639), Neugestalter des Merowingerreiches. – Aubert: Rittergestalt im »Spiel von Robin und Marion« des Adam de la Halle (1235-1287) aus Arras. – Gombert: Bauer in dem Schwank »Gombert und die beiden Kleriker« von Jean Bodel aus Arras (1194). – Robert: Robert Sommeillon, reicher Bürger aus Arras, Figur im »Laubenspiel« (Le Jeu de la Feuillée, 1276) von Adam de la Halle. – Heiliger Philibert: (um 608-685), Gründer der Abtei von Jumièges unweit von Rouen und anderer Klöster.

45

Ein Würfel mit neun Punkten
presst derart seine Fäuste,
dass ein Ochse herausspringt.
Ein zusammengenähter Fischteich
war schwer beleidigt,
als er ihn verfehlte.
Ein Mistkäfer griff ihn an,
der seine Schuhe eingefettet hatte;
sie wären bald misshandelt worden,
wäre nicht ein dringendes Bedürfnis
herübergekommen aus Mailly.

Hasart de neuf poinz
Estraint si ses poinz
C'uns bués en sailli.
Molt fu or prez poinz
Uns viviers pourpoinz
Quant il li failli.
Uns escharbos l'asailli
Qui avoit ces solliers oinz;
Tost i fussent malbailli,
Se ne fust uns grans besoinz
Qui venoit devers Mailli.

Mailly: Mailly-Maillet, Ort in der Somme, bei der nordfranzösischen Stadt Amiens.

46

Eine schwangere Sau
pisste mitten in einem Gehege
auf einen Feldhasen.
Eine ausgelöschte Lampe
stöhnte ihre Klage
über einem vollen Fiebertopf.
Eine brütende Lerche
hatte einen Striegel gepackt
auf dem Schwanz einer Ziege
und ihn derart mit dem Arsch geschubst,
dass die Stadtmauer von Paris kaputtging.

Une truie enceinte
Parmi une aceinte
Compissoit un lievre.
Une lamppe estainte
Faisoit sa complainte
Sor plain pot de fievre.
Une aloete coviere
Avoit une estrille atainte
Sor la keue d'une chievre,
Si l'a si dou cul empainte
Que li murs de Paris crieve.

47

Der Schwanz eines Furzes
jubelte vor Freude
auf der Klinge einer Sichel.
Ich sah Mohammed
auf einem Fässchen
einen alten Weg anlegen.
Saint-Quentin, Péronne und Roie
versteckten sich im Winkel
eines Auges vom Neunauge-Fisch,
der sie köderte und ihnen
ein Ei abluchste im Riemenspiel.

La keue d'un pet
Parmi un corbet
Demenoit grant joie,
Si vi Mahommet
Sor un tonnelet
Faire une viez voie.
Saint Quentin, Peronne, Roie
Mussoient en un cornet
Parmi l'ueil d'une lamproie
Qui lor jooit par abbet
D'un oef a boute en corroie.

Saint-Quentin, Péronne und Roie: Orte in abnehmender Größenordnung im heutigen nordfranzösischen Département de la Somme. – Neunauge-Fisch: die Lamprete, Meerfisch. – Riemenspiel: Spitzbubentrick, bei dem man nur verlieren kann. Der betrogene Spieler muss verhindern, dass ein ausgelegter Riemen mit zwei Schlaufen gespannt wird, indem er den Finger in eine der Schlaufen steckt.

48

Engländer aus Holland
raubten Irland,
um es mit Knoblauch zu essen.
Ein Schneckerich verschickt
Leute mit weiten Röcken
auf zwei Fastenzeitkuchen.
Ein Korb machte sich zum Pferd,
als eine gaunerhafte Fliege,
die zwei Stumme sprechen machte,
zwei Äbten aus Cîteaux
bereits die Opfergaben abgeknöpft hatte.

Anglois de Hollande
Embloient Illande
Por mengier as aus.
Uns lymeçons mande
Gent de huppelande
Sor deus syminiaus.
Uns paniers ce fist chevaus,
Qant une mouche truande
Qui fist parler deus muiaus,
Avoit ja tolu l'offrande
A deus abbés de Cytiaus.

49

Lieder aus Lauchsuppe
hatten eine alte Stadt
ganz und gar ausgeweidet.
Eine lange Wartezeit
raubte den Peloponnes
aus lauter Demut.
Wer die Zerbrechlichkeit gesehen hätte,
die ihr Fass anstach
im Arsch der Eitelkeit!
Die Weißes für Schwarzes ausgeben
haben sich geschickt davongemacht.

Chançons em poree
Orent acoree
Une viez cité.
Une demouree
Embla la Mouree
Par humilité.
Qui veïst fragilité
Qui ot sa tonne afforee
Enz ou cul de venité !
Cil qui font blanc por mouree
C'en sont molt bien aquité.

Peloponnes: der im 12. Jh. von den Kreuzfahrern geprägte Name lautete »Morea« (La Morée), weil die Form der Halbinsel an das Blatt des Maulbeerbaumes erinnerte.

Ein Klugkopf ohne Verstand,
ohne Mund, ohne Zähne,
fraß die Welt auf,
und ein saurer Hering
meldete den Flamen,
dass er sie rächen werde.
Aber all das bringt ihnen nicht soviel ein
wie die Feder von zwei Wittlingen,
die vier Schiffe versenkte.
Ich weiß nicht, was ich denken soll:
Sie klagte sie des Mordes an.

Uns saiges sans sens,
Sans bouche, sans dens,
Le siecle menga,
Et uns sors herens
Manda les Flamens
Qui les vengera.
Mais tout ce ne lor vaura
La plume de deus mellens
Qui quatre nes affondra.
Mais je ne sai que je pens:
De murdre les apela.

Wittling: Meerfisch, Merlan.

51

Ein Eierkuchen aus Nichts
gehört nur dem,
der die Champagne hertrug;
großen Nutzen bringt ihm das,
aber er denkt nicht mal daran,
in die Bretagne zu gehen.
Ein Käppchen erteilt ihm Auskunft
und ein Stofffetzen hält ihn fest,
der Deutschland davontrug;
ich weiß aber nicht, was aus dem wird
  mit der furchtbaren Fratze.

Flaons de noient
Celui apartient
Qui portoit Champaigne;
Molt bien li avient,
Mais ne li sovient
D'aler em Bretaigne.
Uns chaperons li enseigne,
Et uns tacons le detient
Qui emportoit Alemaigne;
Mais ne sai quoi qu'il devient
Cil a la chiere grifaigne.

Das Nest einer Krähe,
vorn und hinten verkehrt,
hielt allerlei Reden.
Eine heftige Plaudertasche
hatte die Gewohnheit,
ihre Möse zu zeigen.
Ein Käse von einem Hammel
trug in seiner Jagdtasche
den Himmelfahrtstag her,
der hatte in seinem Almosenbeutel
vierzig Tage Vergebung.

Uns nis de croyere
Ce devant derierre
Contoit sa raison.
Une fort jangliere
Estoit coustumiere
De moustrer son con.
Uns formaiges de mouton
Aportoit en sa loiere
Le Jour de l'Asencion
Qui avoit en s'aumoniere
Quarante jours de pardon.

53

Ein weißer Rock von schwarzer Farbe
machte aus besinnungslosem Sinn
ein Zaumzeug.
Der Duft einer Birne
vom Furz eines Pfarrers
sang ihnen von der Schönen Aude.
In den Wiesen von Saint-Germain
machte sich ein Kiesel mit Dünnschiss
zum Cousin von Eva.
Jetzt schreit ein Tölpel von Höfling
einer bärtigen Maske zu:
»Hund, bell mich nicht an,
nimm Krümel von meinem Brot!«

Blanche robe noire
D'un sens sans mimoyre
Faisoit un lorain.
Li flairs d'une poire
D'un pet de provoire
Lor chantoit d'Audain.
Ce fu es prez Saint Germain
C'uns kaillex qui ot la foyre
Ce faisoit cousins Evain.
Ez vos sus une papoire,
Criant, un cortois vilain:
« Chiens, ne m'abaie,
Mie tien de mon pain! »

Schöne Aude: Frauengestalt im französischen Nationalepos, dem »Rolandslied«
(11.Jh.); Schwester des weisen Ritters Olivier und Verlobte Rolands. – Saint-
Germain: Saint-Germain-des-Prés, Merowinger-Nekropole und Benediktinerab-
tei, älteste Kirche von Paris, wo der Bischof Saint Germain bestattet wurde; damals
»in den Wiesen« gelegen, heute ein Stadtviertel von Paris.

54

Ein gefiederter Bär
ließ Korn säen
von Dover bis Wissant.
Eine geschälte Zwiebel
erklärte sich bereit,
singend voranzugehen,
als auf einem roten Elefanten
ein bewaffneter Schneckerich
entgegenkam und ihnen zubrüllte:
»Hurensöhne, kommt schon her!«
Ich dichte im Schlaf.

Uns ours emplumés
Fist semer uns bles
De Douvre a Wissent.
Uns oingnons pelez
Estoit aprestés
De chanter devant,
Qant sor un rouge olifant
Vint uns limeçons armés
Qui lor aloit escriant:
« Fil a putain, sa venez! »
Je versefie en dormant.

Dover bis Wissant: englische Stadt am Ärmelkanal und französischer Ort zwischen Calais und Boulogne-sur-Mer. Zwischen beiden Orten gibt es nur das Meer.

55

Auf der Erde lebende Aale
machten großes Kriegsgeschrei,
um zur Beichte zu gehen.
Aber England aß
einen ganzen Stein auf,
um seine Seele zu retten.
Ein toter Mann ließ sich hintragen,
und eine Tür, die aufging,
wollte übers Meer fahren
mit einem Rosenkranz aus Efeu
an einem Donnerstag nach Abendbrot.

SCHLUSS
Hier enden die Fatrasien aus Arras

Anguilles de terre
Faisoient grant guerre
D'eles comfesser.
Ne mais Engleterre
Mengoit une pierre
Por s'ame sauver.
Uns mors homs s'i fist porter,
Et uns huis qui se desserre
Voloit aler outremer
Atout un chapelet d'ierre,
Le Juedy aprés souper.

EXPLICIT
Cy fenissent les fatrasies d'Arras

Philippe de Beaumanoir:

Fatrasien

I

Der Gesang eines Frosches
zapft einem Walfisch Blut ab
auf dem Meeresgrund,
und eine Sirene
trug den Seinefluss
über Saint-Omer hinauf.
Ein Stummer kam, um zu singen
ohne ein Wort und aus vollem Hals.
Wäre nicht Warnavillers gewesen,
sie wären ertrunken in einer Vene
im Kopf eines Wildschweins.

Li chan d'une raine
Saine une balaine
Ou fons de la mer,
Et une seraine
Si emportoit Saine
Deseur Saint Omer.
Uns muiau i vint chanter
Sans mot dire a haute alaine.
Se ne fust Warnaviler,
Noié fuissent en le vaine
D'une teste de sengler.

Saint-Omer: nordfranzösische Stadt zwischen Lille und Calais. – Warnavillers: Bauerngut unweit des Lehens von Philippe de Beaumanoir, nordöstlich der Stadt Compiègne.

2

Der Fuß einer Käsemade
trat einen Löwen
so sehr, dass er ihn verletzte.
Das Mark eines Lampendochts
griff nach einem Deichselarm,
der deswegen sehr wütend wurde;
einen schlimmen Spitzbuben nannte er ihn.
Schau doch den Schnabel eines Grünfinks,
der sie so heftig trennte,
dass die Feder eines Gänschens
ganz Paris davontrug.

Li piés d'un sueron
Feri un lyon
Si k'il le navra.
La moule d'un jon
A pris un limon
Ki s'en courecha;
Mauvais laron le clama.
Es vous le bech d'un frion
Qui si bien les desmella
Que la pene d'un oison
Trestout Paris emporta.

3

Ich sah das ganze Meer
sich auf der Erde versammeln,
um ein Turnier zu veranstalten,
und gestoßene Erbsen
ließen unsern König
einen Kater besteigen.
Dann kam ich-weiß-nicht-was,
das nach Calais und Saint-Omer
griff, um sie aufzuspießen,
und sie zurückdrängte
hinauf auf den Sankt-Eligius-Berg.

Je vi toute mer
Sur tere assambler
Pour faire un tournoi,
Et pois a piler
Sur un chat monter
Firent nostre roi.
Atant vint je ne sai quoi
Qui Calais et Saint Omer
Prist et mist en un espoi,
Si les a fait reculer
Deseur le mont Saint Elai.

Sankt-Eligius-Berg: Mont Saint-Éloi bei Arras mit Kloster; Eligius (590-660) war Bischof von Noyon-Tournai und Berater des Merowingerkönigs Dagobert I.

4

Ein großer saurer Hering
belagerte die Stadt Gisors
und zwar von beiden Seiten,
und zwei tote Männer
kamen schnell angerannt,
eine Tür tragend.
Wäre nicht eine verrückte Alte gewesen,
die schrie: »Alarm!«,
der Schrei einer toten Wachtel
hätte sie ganz rasch
unter einen Filzhut gepackt.

Uns grans herens sors
Eut assis Gisors
D'une part et d'autre,
Et dui homes mors
Vinrent a esfors,
Portant une porte.
Ne fust une vielle torte
Qui ala criant: «Ahors!»,
Li cris d'une quaille morte
Les eüst pris a esfors
Desous un capel de fautre.

Gisors: Stadt zwischen Rouen und Paris, südwestlich von Beauvais.

5

Das Fett eines Hühnchens
aß in der Brühe
Pont und Verberie.
Der Schnabel eines Hahns
raubte ohne Gerichtsverhandlung
die ganze Normandie.
Und ein fauler Apfel,
der mit einem Holzhammer
Paris, Rom und Syrien schlug,
machte daraus ein Hühnerfrikassee:
Keiner aß es ohne Lachen.

Li cras d'un poulet
Menja au brouet
Pont et Verberie.
Li bes d'un coket
Emportoit sans plet
Toute Normendie.
Et une pume pourie
Qui a feru d'un maillet
Paris et Romme et Surie,
Si en fist un gibelet:
Nus n'en menjut qui ne rie.

Pont und Verberie: Ortschaften unweit der Stadt Senlis nördlich von Paris.

6

Ein berauschter Würfel
trug Saint-Denis
mitten nach Montdidier,
und ein Rebhuhn
schleppte Paris
über Saint-Riquier hinauf.
Schaut, wie der Fuß eines Regenpfeifers
auf dem Kirchturm von Senlis
anfing, so laut zu schreien,
dass er alle Bürger
von Montpellier betäubte.

Uns des estourdis
Portoit Saint Denis
Parmi Mondidier,
Et une pertris
Traïnoit Paris
Deseur Saint Richier.
Es vous le piet d'un plouvier
Sur le clokier de Saint Lis
Qui si haut prist a crier
Qu'il a tous estourdis
Les bourgois de Monpellier.

Saint-Denis: Ort nördlich von Paris. – Montdidier: südöstlich der Stadt Amiens. – Saint-Riquier: bei Abbeville, unweit der Mündung der Somme in den Ärmelkanal. – Montpellier: Stadt tief im Süden, am andern Ende Frankreichs.

7

Ein großer Karpfen
schleppte den Oise-Fluss
auf einen hohen Berg hinauf,
und eine alte Heringstonne
trug Hautmont davon
auf einem Klaftermaß.
Eine Spanne von schlechtem Wollstoff
wiegt vierzig Scheffel Korn ab
auf Schloss Clermont,
so dass eine schlaffe Pflaume
die ganze Welt besoffen machte.

Une grant vendoise
Entraïnoit Oise
Deseure un haut mont,
Et une viés moise
Deseure une toise
Emporta Hautmont.
Une espane de roont
Quarante muis de blé poise
Sur le castel de Clermont,
Si c'une flestre jorroise
En sooula tout le mont.

Hautmont: Ort bei der Stadt Maubeuge unweit der Grenze zu Belgien. – Clermont: Ort zwischen den Städten Beauvais und Compiègne nördlich von Paris.

8

Vierzehn alte Trensenzäume
brachten Äste herbei,
um eine Schlacht zu schlagen
gegen zwei Zwerge,
die in ihren Händen
ein Ofenloch hielten;
sie gewannen die Oberhand,
als sie ihnen ringsherum
verglommene Kohlen zuwarfen,
so dass ihre Hände anbrannten
auf der Spitze eines Turms.

Quatorze viés frains
Aporterent rains
Pour faire un estour
Encontre deus nains
Qui eurent es mains
La bouce d'un four;
Si en eurent le millour
Pour çou que carbons estains
Leur geterent tout entour,
Si k'il eurent ars les mains
Sur le pumel d'une tour.

9

Der Kopf eines Knurrhahns
wacht nachts auf,
um Pasteten zu kneten,
und eine Krähe
griff nach einem Körbchen;
es war der reine Wahnsinn,
denn neunzehn Bienenstöcke
liefen herbei, das Wunder zu sehen;
fast wäre es zu Hieben gekommen,
als eine Eselsmütze
sie mit einem Prügel trennte.

Li chiés d'une trelle
Par nuit se resvelle
Pour pestrir pastés,
Et une corneille
Prist une corbelle;
Ce fu foletés,
Car dis et neuf vaissiaus d'es
Coururent a la mervelle;
Ja i eüst cox donnés,
Quant une chaloreille
D'un baston les a sevrés.

10

Ein altes Hemd
hatte sich in den Kopf gesetzt,
vor Gericht zu plädieren,
aber eine Kirsche
stellte sich vor es hin,
um es zu beschimpfen.
Wäre nicht ein alter Löffel gewesen,
der Schnauf geholt hatte
und einen Fischteich hertrug,
das ganze Wasser der Themse wäre
in einen Korb geflossen.

Une viés kemise
Eut s'entente mise
A savoir plaidier,
Et une cerise
S'est devant li mise
Pour li laidengier.
Ne fust une viés cuillier
Qui s'alaine avoit reprise
Si aportoit un vivier,
Toute l'iauwe de Tamise
Fust entree en un panier.

II

Gournay und Ressons
kamen nach Soissons,
um Boulogne zu erobern,
und drei tote Rossbremsen
fraßen zwischen drei Eierkuchen
die Franzosen auf.
Da kam die Landschaft um Auxerre
herbei in zwei Töpfen,
so dass Châlons und Blois
flüchteten bis nach Mons
im Hainaut und zwar über Orléans.

Gornais et Ressons
Vinrent a Soissons
Prendre Boulenois,
Et troi mort taons
Parmi trois flaons
Mengierent François.
Atant i vint Aucerrois
Acourant en deus poçons,
Si que Chaalons et Blois
S'enfuïrent dusk'a Mons
En Henau par Orelois.

Gournay und Ressons: Ortschaften westlich von Beauvais bzw. unweit der Stadt Compiègne nördlich von Paris. – Soissons: Stadt zwischen Reims und Compiègne; Boulogne: am Ärmelkanal. – Auxerre: im Burgund. – Châlons und Blois: Châlons-sur-Marne und die Stadt Blois an der Loire. – Mons: Stadt im heutigen Belgien, Hauptort der Region Hainaut. Groteskes Ortsnamen-Ballett und Chaos-Geographie.

Watriquet Brassenel de Couvin:

Fatras

I

Sanft tröstet und ermutigt mich
Sie, die mein Herz erobert hat.

Sanft tröstet und ermutigt mich
eine halbtote Katze,
die jeden Donnerstag so laut
ein Halleluja singt,
dass die Klinke an unsrer Tür
sagt, dass ihr der Montag gehöre,
und ein Wolf kam her so wagemutig,
dass er gegen seinen Willen
lossprang, Gott im Paradies zu töten,
und sagte noch: »Kumpel, ich bringe dir
Sie, die mein Herz erobert hat.«

Doucement me reconforte
Celle qui mon cueur a pris.

Doucement me reconforte
Une chate a moitié morte
Qui chante touz les jeudis
Une alleluye si forte
Que li clichés de nos porte
Dist que siens est li lendis,
S'en fu uns leus si hardis
Qu'il ala, maugré sa sorte,
Tuer Dieu en paradis,
Et dist: «Compains, je t'aporte
Celle qui mon cuer a pris».

2

Ich will nun von der Liebe lassen,
weil sie mich so sehnsüchtig macht.

»Ich will nun von der Liebe lassen«,
sagte ein toter Kothaufen an der Leine,
»und die Wahrheit sagen, um zu lügen,
das Büßerhemd anziehen
von jetzt an, um Schlimmes anzustellen,
mich zum Guten bekehren;
und wenn ich den Mörser klingeln
höre und wie man Knoblauch zerstößt,
werde ich meine Därme beschnüffeln,
denn jene Note muss mir gefallen,
weil sie mich so sehnsüchtig macht.«

Je me veul d'amour retraire,
Puisqu'elle m'i fait languir.

« Je me veul d'amour retraire »,
Dist uns estrons mors a traire,
« Et dire voir pour mentir,
Et si vestirai la haire
Desormais, et pour pis faire,
Me veul en bien convertir;
Et quant j'orrai retentir
Le mortier et les aus faire,
G'irai mes boiaus sentir,
Car tele note me doit plaire,
Puisqu'ele m'i fait languir ».

3

Der guten Liebe gab ich mich hin,
mein Lebtag lang mehr wert zu sein.

Der guten Liebe gab ich mich hin,
als eine verdammte Ziege
mir sagte, ich müsse
eine Feuerstelle zur Frau haben,
die nur Pfeffersoße schluckt,
um einen Bären zu empfangen,
den man gar nicht sehen kann;
doch wenn sie entjungfert ist
und ich es erfahren sollte,
werde ich eine Puppe lieben,
mein Lebtag lang mehr wert zu sein.

A bonne amour sui donnee
Mon vivant pour miex valoir.

A bonne amour sui donnee,
Quant une chievre damnee
M'a dit que je doi avoir
A fame une cheminee
Qui ne hume que pevree,
Pour un ours si concevoir
C'on ne s'en puist percevoir;
Mais s'elle est despucelee
Et je le puisse savoir,
J'amerai une popee
Mon vivant pour miex valoir.

4

Da ich von meiner Dame scheiden muss,
verlier gewiss ich Trost und Freude.

Da ich von meiner Dame scheiden muss,
werd ich den heiligen Märtyrer Petrus heiraten,
um einen Mohammedgötzen aus Kreide zu zeugen,
der mir befiehlt, den Donner zu verschlucken;
dann geh ich mich im Paradies verstecken,
bis ich dereinst das Lieben lasse;
doch wenn ich einen Engel finde, der an Gott glaubt,
werd ich mit ihm wetteifern und so laut
singen, dass alle sagen, ich träume wohl;
kann ich den süßen Todesschmerz nicht fühlen,
verlier gewiss ich Trost und Freude.

Puisque m'estuet de ma dame partir,
Or voi je bien, je pert soulas et joie.

Puisqu'il m'estuet de ma dame partir,
J'espouserai saint Pierre le martir,
Pour engendrer un mahomme de croie,
Qui me fera le tonnoirre engloutir;
Et puis m'irai en paradis quatir
Deci a tant que d'amer m'i recroie;
Mais se g'i truis angle qui en Dieu croie,
Je m'i voudrai de chanter aätir
Si haut que touz diront que je songoie;
Quant le douz mal de mort ne puis sentir,
Or voi je bien, je pert soulas et joie.

5

Trotz verleumderischer Verräter
werd ich die gute Liebe hochhalten.

Trotz verleumderischer Verräter
werd ich so stur die Wahrheit sagen,
dass ich heftig ausgeschimpft werde
von zwei halbheißen Backöfen,
die zu Predigern wurden,
um eine Sau auszuhungern,
und dann ertränkten sie im Meer
den Traum der Sieben Schläfer,
weil er sich weigerte zu singen;
mit den kleinen Kindern
werd ich die gute Liebe hochhalten.

Maugré felons mesdisans,
Maintendrai le bien amer.

Malgré felons mesdisans,
Serai je si voirdisans
Que je m'en ferai blasmer
A deus fours demi cuisans,
Qui devindrent clerc lisans
Pour une truie affamer,
Et puis noierent en mer
Le songe des Sept Dormans,
Pour ce que ne volt chanter;
Avec les petis enfans
Maintendrai le bien amer.

Sieben Schläfer: Wunderlegende von den sieben Brüdern, die bei einer Christenverfolgung eingemauert wurden und nach zweihundertjährigem Schlaf wieder zum Leben erwachten.

6

Madame, die ich mit feiner Liebe liebe,
so schaut mich doch mit feinem Herzen an.

»Madame, die ich mit feiner Liebe liebe«,
sagte ein Affe zum Delphinweibchen,
»ich hab einen Schellfischkopf,
der hat mir gesagt, dass das Paradies zu Ende
geht und das Firmament sich herabneigt,
aus dem Delphin einen Papst zu machen,
wenn aber die Großtante des Schachspiel-Läufers
mir meine Zeche nicht bezahlt,
werd ich zu ihr sagen, wenn ich fertig bin:
Schmutzige Alte, stinkende Kupplerin,
so schaut mich doch mit feinem Herzen an.«

Ma dame, que j'aim d'amour fine,
Car me regardez de cuer fin.

« Ma dame, que j'aim d'amour fine »,
Dist uns singes a la daufine,
« J'ai une teste d'esclefin,
Qui m'a dit que paradis fine
Et que li firmamens s'acline
A faire pape du dauffin,
Mais se la taie d'un auffin
Pour mon escot ne paie et fine,
Je li dirai, se j'ai pris fin :
Orde vielle, puans rufine,
Car me regardez de cuer fin ».

Delphin: hier ist noch das Tier gemeint – »Dauphin« ist erst ab 1349, nachdem die alte Provinz des Dauphiné zu Frankreich gelangt war, der Titel des französischen Thronfolgers.

7

Also seh ich euch nun gar nicht mehr,
meine so sanfte noble Dame.

»Also seh ich euch nun gar nicht mehr«,
sagt ein Affe, der ertrinkt
zu einem Blatt von Pfefferminze,
»ich werde Graf von Savoyen sein,
denn eine Kuh aus Troja
hat mir eine dicke Rente geschenkt
im Schatten eines Fußwegs,
wenn es aber Falschgeld ist,
werd ich zu einem Läuseei sagen:
Nehmt euern Arsch weg, dass er nicht furze!
Meine so sanfte noble Dame.«

S'ensi est que ne vous voie,
Ma tres douce dame gente.

« S'ensi est que ne vous voie »,
Ce dist uns singes qui noie
A une fueille de mente,
« Je serai cuens de Savoie,
Car une vache de Troie
M'a donné le dons de rente
En l'ombre d'une piésente,
Mais se c'est fausse monnoie,
G'irai dire a une lente :
Ostés vo cul, qu'il ne poie,
Ma tres douce dame gente ».

8

Durch feine Liebe werd ich ein feiner Freund,
um besser geliebt zu werden von der feinen Freundin.

Durch feine Liebe werd ich ein feiner Freund,
denn eine Sau, in Seidenstoff gekleidet,
befahl mir gestern, meine Taufpatin zu zeugen,
die mich gelehrt hat, Siebe zu löchern,
und ein ins Reliquienkästchen gesperrter Reiher
wurde schnurstracks Meister der Medizin.
»Du hast gelogen«, sagte ein Hering voller Dornen,
»ich geh jetzt predigen in der Campine
und verschlafenen Ferkeln die Beichte abnehmen,
um besser geliebt zu werden von der feinen Freundin.«

A fine amour devendrai fins amis
Pour estre miex amé d'amie fine.

A fine amour devendrai fins amis,
Car une truie vestue de samis
Me fist hersoir engendrer me mairine,
Qui m'a apris a buier les tamis;
Et uns hairons, qui est en fierte mis,
Devint tantost mestre de medecine;
«Tu as menti», dist uns harens d'espine,
«Et je m'en vois preschier en la Champine
Et confesser les pourciaus endormis,
Pour estre miex amez d'amie fine».

Campine: Region in Belgien, Provinz Anvers.

9

Meine Dame, Euer Anblick
hat in mir die Liebe angefacht.

»Meine Dame, Euer Anblick«,
sagt eine zweischneidige Streitaxt,
»fand gestern in seinen Schriften,
dass eine gehörnte Äffin
zur Äbtissin wurde
von Sankt Anton in Paris.
Doch Gott ließ ein Lachen fallen,
denn er hatte seine ganze Freude verloren,
weil ein Ei von einem Rebhuhn
zu mir sagte: Ein Kothaufen vom Kranich
hat in mir die Liebe angefacht.«

Ma dame, vostre veuë
M'a de vous amer espris.

« Ma dame, vostre veuë »,
Ce dist une besaguë,
« Trouva hier en ses escris
C'une singesse cornue
Est abesse devenue
De Saint Antoine a Paris.
Mais Diex en geta un ris,
Car toute joie ot perdue,
Pour ce c'uns eus de pertris
Me dist c'uns estrons de grue
M'a de bien amer espris ».

Die große Schönheit, o Dame, Eures Gesichts
macht mich Euch dienen und Euch lieben.

Die große Schönheit, o Dame, Eures Gesichts
hat einen Kater gefangen, der vier Wölfe verscheucht,
und mich so eine Kraftbrühe schlürfen lassen,
dass ich Wilhelm Schmetterhand zeugen werde,
der mich ausschickte, öffentlich von Helden zu singen,
bis ich Schweine tanzen mache.
Doch als ich die Großtante des heiligen Otmar sah,
die auf der scharfen Spitze einer Stelze ritt,
schickte ich sie zum Predigen in die Hölle,
einen Narren zu bekehren, der mit seiner Keule
sanft mich auf Gnade hoffen lässt.

La grant biauté, dame, de vostre face
M'esprent de vous servir et bien amer.

La grant biauté, dame, de vostre face
A pris un chat qui quatre leus enchace,
Et si m'a fait un tel brouet humer
Que g'engendrai Guillaume Fierebrace,
Qui m'envoia chanter de geste en place,
Tant que j'apris les porciaus a tumber;
Mais quant je vi la taie saint Omer,
Qui chevauchoit le picot d'une eschace,
Je l'envoiai en enfer sarmonner
Pour convertir un fol qui de sa mace
Merci me fait doucement esperer.

Wilhelm Schmetterhand: Fierabras, sarazenischer Ritter von Riesengestalt, der in Spanien zum Christentum konvertierte in einem populären altfranzösischen Heldenepos des 12. Jh. – Otmar: franz. Saint Omer (Audomarus), 600 bis 670, Bischof von Thérouanne, Namengeber der nordfranzösischen Stadt Saint-Omer. Nicht zu verwechseln mit dem 759 in Sankt Gallen beigesetzten alemannischen Heiligen.

11

Freund, sei nicht niedergeschlagen,
sondern bewahre die Freude in deinem Herzen.

Freund, sei nicht niedergeschlagen,
ich werde eine tote Ziege bekommen
für einen sauren Hering, der ertrinkt
und deine Tür bewachen wird,
damit ein Schneckerich dich nicht fortträgt;
und wenn es vorkommt, dass ich furze,
wirst du sagen – ein Hund aus Kreide;
wenn er dich beißt, soll es mich freuen,
und wenn einer dich zum Erhängen schickt,
weine niemals eine dicke Träne,
sondern bewahre die Freude in deinem Herzen.

Amis, ne te desconforte,
Mais aies ton cuer en joie.

Amis, ne te desconforte;
J'arai une chievre morte
Pour un sor harent qui noie,
Qui veillera a ta porte,
C'uns limachons ne t'enporte;
Et s'ensi est que je poie,
Tu diras uns chien de croie;
S'il te mort, qu'il me deporte,
Et s'aucuns pendre t'envoie,
N'en pleure ja lerme forte,
Mais aies ton cuer en joie.

12

So sehr ist Liebe eine noble und mächtige Tugend,
dass sie Herrschaft ausübt und Macht über alle.

»So sehr ist Liebe eine noble und mächtige Tugend«,
sagt eine Käsemade größer als die Mondsichel,
»dass sie mir die hohe See in meinen Wanst
fließen lässt samt ertrinkenden Fischen,
und es zogen sich dasselbe Paar Handschuhe an
Prinz von Wales und Königin von Frankreich;
aber ich werde Gott wägen auf einer Waage,
und wenn er mich nicht zu seinem Ebenbild macht,
werd ich mich beklagen bei einem Messer ohne Griff,
denn eine Gans ist derart unverschämt,
dass sie Herrschaft ausübt und Macht über alle.«

Tant est amours vertus noble et poissans
Qu'elle a sour touz seignorie et poissance.

«Tant est amours vertus noble et poissans»,
Dist uns sirons plus gros que li croissans,
«Qu'elle me fait couler parmi la pance
La haute mer et les poissons noans,
Et s'afaitast une paire de gans
Prince de Gale et roÿne de France;
Mais g'en ferai Dieu peser en balance;
S'il ne me fait a lui estre semblans,
Plaindre m'irai a un coutiau sanz mance,
Pour ce c'une oe est si outrecuidans
Qu'elle a seur touz seignorie et poissance».

13

Meine Dame, wenn ich den Teig geknetet habe,
werdet Ihr von meinem Graubrot essen.

Meine Dame, wenn ich den Teig geknetet habe,
werd ich zwei Eier von einem Rebhuhn kriegen,
die Kinder von Nonnen sind
und Füße von Schafen haben,
weil zwei graubraune Mönche
gestern abend mit der Angel gefangen wurden
gegen den Willen des heiligen Ägidius,
der zwei Rubine inständig bat:
Kommt mir die Hand reichen,
auf dem Friedhof der Unschuldigen in Paris
werdet Ihr von meinem Graubrot essen.

Ma dame, se j'ai pestri,
Vous arés de mon bis pain.

Ma dame, se j'ai pestris,
J'arai deus oes de pertris,
Qui seront fil de nonnain,
Et s'aront piet de brebis,
Pour ce que dui moines bis
Furent hersoir pris a l'ain,
Maugré le cors saint Gilain,
Qui pria deus rubis:
Venés moi tendre la main,
As Innocens a Paris,
Vous arés de mon bis pain.

Des heiligen Ägidius: Saint Gilles (640-720), Einsiedler und Gründer eines berühmten Klosters bei Nîmes. – Friedhof der Unschuldigen: Pariser Friedhof im alten Hallenviertel, der 1186 bis 1786 existierte; Erinnerung an die von König Herodes ermordeten Erstgeborenen.

14

*Freunde, liebt mit dem Herzen einer Freundin,
liebt wie treue Freunde es tun.*

»Freunde, liebt mit dem Herzen einer Freundin,
ich werde euch Astronomie lehren«,
sagte ein Bär zu zwei Kochsieben,
die das Heer aufgeboten hatten,
»und ich werde soviel Fechtkunst lernen,
dass die sterbliche Hülle einer Ameise
unsere Feinde zerschlagen wird,
und sehe ich anderthalb Gänse,
sage ich zu ihnen: Ihr Herzchen, schläfert
den Schatten einer eingeschlafenen Sau ein,
liebt wie treue Freunde es tun.«

*Amis, amés de cuer d'amie,
Amez comme loiaus amis.*

« Amis, amez de cuer d'amie,
Je vous lirai d'astronomie »,
Ce dist uns ours a deus tamis
Qui avoient l'ost estourmie,
« Et s'aprendrai tant d'escremie
Que la despoille d'un fourmis
Desconfira nos anemis,
Et se je voi oe et demie,
Je li dirai : Cuers, endormis
L'ombre d'une truie endormie ;
Amés con fins loiaus amis ».

15

Liebe, warum hast du mich gepackt,
und was hab ich Euch bloß angetan?

»Liebe, warum hast du mich gepackt«,
sagte eine Gans aus Friesland,
»ich habe einen einzigen Wunsch,
ich ging gestern in die Kirche,
völlig nackt ohne Hemd,
ein Milchkalb zu heiraten,
weil eine brüllende Zwiebel
sich mit der Bise abkämpfte
und ihr sagte: Herr, ganz bestimmt
schlägt Euch ein Kothaufen die Zähne ein,
und was hab ich Euch bloß angetan?«

SCHLUSS MIT DIESEN FATRAS!

Amours, pourquoi m'avez prise,
Et que vous ai ge mesfait?

« Amours, pourquoi m'avez prise ? »
Ce dist une oe de Frise,
« Je n'ai vaillant c'un souhait,
Et s'alai hier a l'eglyse,
Toute nue, sans chemise,
Espouser un vel de lait,
Pour ce c'uns oingnons qui brait
Se combatoit a la bise,
Et li dist: Sire, entresait,
S'uns estrons les dens vous brise,
Et que vous ai ge mesfait ? »

EXPLICIT LES FASTRAS

Anonymus:

Ein einziger Fatras

Jetzt noch so ein aufgepfropfter Fatras:

*Hütet also besser eure Hühner
als Rimbaud seinen Hahn!*

Hütet also besser eure Hühner
als drei verwaiste Kraniche
den Esel eines Schotten,
der mit Fingerzeig den ersten
Glockenschlag am Morgen anklagte,
der einschlief in einem Trog.
Als er von einem Rülpser erschlagen war,
schlachtete er seine Nachbarinnen,
verkaufte ihnen dann mit einem Trick
seine Katze teurer als drei Poitou-Münzen,
als Rimbaud seinen Hahn!

Item autre taille de fatras entés

*Or gardés mieulx vos gelines
Que Rembourc ne fist son coc.*

Or gardez mieulx vos gelines
Que trois grues orphelines
N'ont fait l'asne de l'Escot,
Qui a encusé par signes
Le premier cop de matines,
Qui s'endormoit en un noc
Et quant il fu mat d'un rot,
Il abati ses voisines,
Puiz leur vendy par racrorc
Son chat plus de trois poitevines
Que Rembourc ne fist son coc.

Rimbaud: der Name »Rembourc« des Originals bezeichnet einen Unbekannten. Warum nicht den Champion der modernen Poesie Arthur Rimbaud (1854-1891) hier einsetzen, den der mittelalterliche anonyme Fatras-Dichter vielleicht in seinen kühnsten Träumen vorausgeahnt hat? – Poitou: Provinz in Westfrankreich um die Hauptstadt Poitiers.

Baudet Herenc:

Zwei unmögliche Fatras

I

Die Dinge stehen denkbar schlecht,
wo es keine Gerechtigkeit gibt.

»Die Dinge stehen denkbar schlecht«,
sagte ein Kalb aus Metall
auf der Stirn einer Jungkuh,
die in einen Nachttopf
einen Kardinal hineinstieß,
der als Opfergabe das Auge
eines Flusskrebses darbrachte
in einem Ofen aus Kristall,
denn sein Pelzmantel
war von königlicher Würde,
wo es keine Gerechtigkeit gibt.

La chose va tres mal
Ou point n'a de justice.

« La chose va tres mal »,
Dist un veau de metal
Au front d'une genisse,
Qui en ung orinal
Bouta ung cardinal,
Qui faisoit sacrifice
De l'œul d'une escrevice,
En ung four de cristal,
Pour ce que sa pelice
Tenoit estat royal,
Ou point n'a de justice.

2

*Es gibt kein besseres Getränk als Wein,
um einen klaren Kopf zu bewahren.*

»Es gibt kein besseres Getränk als Wein«,
sagte gestern der Boden eines Waschbeckens,
das ein Totengebet singen ging
für die Seele von Admiral Baquin –
die eine Erbse hintrug in einem Topf,
um sie Luzifer darzubringen,
als eine Käsemade sie ihr wegschnappte
und in einer Schatulle versteckte
und ihr dann was zum Schlürfen brachte
vom Bart eines Sarazenen,
um einen klaren Kopf zu bewahren.

*Um einen klaren Kopf zu bewahren,
gibt es kein besseres Getränk als Wein.*

Um einen klaren Kopf zu bewahren,
prallte ein Kobold im Meer
gegen einen Mühlstein,
wo er sein ganzes Gehirn verspritzte,
als das Kerzchen eines Kerzenhändlers,
um die tödliche Ohrfeige zu heilen,
zu einem taubstummen Arzt
eilte, Heilung zu erbitten,
der in deutschem Latein sagte:
»Um sich vor jedem Rausch zu retten,
gibt es kein besseres Getränk als Wein.«

Admiral Baquin: groteske Karnevalsfigur, türkischer Sultan, mit mehlbestäubtem Gesicht.

Il n'est bruvage que de vin
Pour mieulx sa teste rafermer.

« Il n'est bruvage que de vin »,
Ce dit hier le fons d'un bachin,
Qui aloit vigilles chanter
Pour l'ame l'amiral Baquin,
Qu'ung pois portoit en ung tupin,
Pour a Lucifer presenter,
Quant ung soiron le vint happer
Et le mucha en ung escrin,
Puis l'y aporta a humer
De la barbe d'ung Sarrasin,
Pour mieulx sa teste rafermer.

Pour mieulx sa teste raffermer
Il n'est bruvage que de vin.

Pour mieulx sa teste raffermer
Se hurta ung luiton de mer
Contre une pierre de molin,
Ou tout s'ala escherveler,
Quant la poincte d'un chandelier,
Pour garir ce mortel tastin,
A ung sourt muet medecin
Ala garison demander,
Qui dit en alemant latin :
« Pour se mieulx garder d'enyvrer,
Il n'est bruvaige que de vin ».

Jean Régnier:

Vier letzte Fatras

I

Ertragen, ertragen muss ich –
Dauerschmerz kann nicht ewig dauern.

Ertragen, ertragen muss ich,
schrie ein großer Geierfalke,
der Kieselsteine zum Lachen brachte,
um sie in einen Angriff zu werfen,
der fehlschlug, weil ein Kater
fehlte, der dafür sorgen sollte,
dass Stein und Scheuersand
zu weichem und heißem Käse würden;
doch die Ratte sagte, das sei ihr ganz egal,
und sperrte sich dagegen,
die Maus kam herbei und bot
eine Predigt an auf einem Gerüst
und rief dem Volk mit lauter Stimme zu:
Dauerschmerz kann nicht ewig dauern.

Endurer, endurer my fault
Mal endurant ne peult durer.

Endurer, endurer my fault,
Alloit cryant ung grant jarfault
Qui des cailloux faisoit muser
Pour les gecter a ung assault
Qui fut failly par le deffault
D'ung chat qui devoit procurer
Que pierre et grès a escurer
Feussent fromage mol et chault;
Mais le rat dit qu'il ne luy chault
Et a ce se vint opposer,
La souriz si vint proposer
Ung preschement en ung chaffault
Qui dist au peuple tout en hault:
Mal endurant ne peult durer.

2

Eine Schöne, Supersanfte, Seidig-Süßgebaute
ließ mit der Sackpfeife aufspielen,
vor ihr eine Nacktschnecke
mit einem Käppchen ohne Hörner,
wo ein Glöckchen hing,
das auf einem Schlitten ritt.
Ein Ziegenbock mit einer Keule
führte in einer Schubkarre
den Palast vom Barbette-Tor
mitten nach Paris zu Sankt Eustachius.
Im Gehen sagte er zu der Grimasse:
Nur mit der Ruhe, schönes Hälschen,
ihr seid keineswegs verunstaltet,
auch wenn Fortuna mir übel mitspielt.

Belle, bonne, doulce, bien faicte,
Faisoit jouer de la musette,
Devant ellë une lymasse
A ung chapperon sans cornette
Ou il pendoit une sonnette
Et chevauchoit une ramasse.
Ung bouc qui avoit une masse
Menoit, dedans une brouette,
L'hostel de la porte Barbette
Parmy Paris a Sainct Eustace.
En allant dist a la grimasse :
Ne vous troublez, gente gorgette,
Qui n'estes en riens contrefaicte
Pour mal que Fortune me face.

3

Eine Süße, Saftig-Sanfte, Sensationelle
briet sich einen Brei
zuoberst auf einer Windmühle,
und ein Hecht in einem Flaschenzug
steckte einen Abt mitsamt
seinem Kloster in einen Hefebeutel,
drei Meilen jenseits der aufgehenden Sonne,
um das Loch zu sehen, wo der Regen herkommt.
Doch aus dem Loch kam eine Sau gesprungen,
die gerade Küken ausbrütete,
und brachte ihnen zwei Riesenfässer
Muskatwein entgegen
und sagte: »Ihr Herren, ich bitte Euch,
behaltet mich als euren Diener.«

Doulce, plaisant, gente et jolye
Si rotissait de la boullie
Au plus hault d'ung molin a vent,
Et ung lus en une polye
Monta dedans ung sac a lye
Ung abbé et tout son convent
Trois lieues oultre soleil levant
Pour veoir le trou dont vient la pluye.
Mais du trou saillit une truye
Qui des poussins alloit couvant,
Et leur porta a l'audevant
Deux grans tonnes de mallevoisie,
Et leur dist: «Seigneurs, je vous prie,
Retenez moy vostre servant.»

4

Übel auf Übel schafft keine Gesundheit,
Zuviel auf Zuviel ist ein großer Exzess.

Übel auf Übel schafft keine Gesundheit,
als er *in Zaumzeug* gesteckt wurde
in einen glühendheißen Ofen voller Schnee,
 sein Wille *mit Zügeln* gefügig gemacht,
die *Kinnbacken* verhext,
sein Gesicht zerbrochen
mit Butter und fettem Käse,
denn er hatte sich *ihrer* gerühmt,
und *gezwungen* durch ein Gebräu
aus Haar von einem wilden Tier,
von dem *wer nicht* getrunken in rauen Mengen
und gesagt *sie nähern sich dir:*
Zuviel auf Zuviel ist ein großer Exzess.

Mal sus mal si n'est pas santé,
Trop sus trop si est grant oultrage.

Mal sus mal si n'est pas santé
Quant *in camo* en fut planté
En ung four tout chault plain de neige,
Et *freno* de sa voulenté,
Si a *maxillas* enchanté,
Et luy a rompu le visage
De beurrë et d'ung gras fromage,
Car *eorum* c'estoit vanté
A *constringe* par ung breuvage
Fait de poil de beste sauvage
Duquel *qui non* beut a planté,
Et dit a *approximant ad te*:
Trop sus trop si est grant oultrage.

In Zaumzeug: Zitat-Fragmente aus dem Psalmenvers 32,9 (»In camo et freno maxillas eorum constringe qui non approximant ad te«). Der ganze Vers auf deutsch: »Seid nicht wie die Pferde und Maultiere, die keinen Verstand haben, deren *Kinnbacken* man *in Zaumzeug* und *Zügel zwingen* muss, da sie sich dir sonst nicht nähern.« Vgl. Nachwort-Essay S. 127.

Fliegende Esel

Die unmögliche Poesie der Fatrasien

> *Carmina vel caelo possunt deducere lunam:*
> »Zauberlieder können sogar
> den Mond vom Himmel herunterholen.«
> Vergil, Achte Ekloge, 69

> »In der Welt ist noch nichts Endgültiges vorgefallen,
> das letzte Wort der Welt und über die Welt ist noch
> nicht
> ausgesprochen, die Welt ist offen und frei,
> alles steht noch bevor und wird immer bevorstehen.
> Genau das ist der reinigende Sinn
> des ambivalenten Lachens.«
> Michail Bachtin

> »Woher kommst du? Wohin geht's? *Welcome!*«
> Anonyme Fatrasie aus Arras (23)

Wer auf die »Fatrasien« aus dem französischen 13. Jahrhundert stößt, traut seinen Augen und Ohren nicht. Wie kann es sein, dass diese surrealistisch anmutenden, erstaunlich modern wirkenden kurzen Sprachspektakel im fernen Mittelalter entstanden sind? Eine tollkühne Phantasie hat hier reimend Dinge zusammengebracht, die nie und nimmer zusammengehören. Ein durchtriebener Dämon der Poesie scheint sich über Leser oder Zuhörer lustig zu machen, provoziert immerzu falsche Erwartungen. Nur der Wille, Erstaunen, Verwirrung und Lachen hervorzurufen, ist unverkennbar. Verblüffung ist der Zündstoff der Fatrasie.

Seit der zweiten Hälfte des 20. Jahrhunderts bemühen sich Mittelalterexperten vermehrt um die marginalen Formen der Dichtung, die obskuren, bizarren, abseitigen Genres der Weltpoesie.[1] Die Fatrasie ist ein kurzes Gedicht mit fester Form. Es besteht aus elf Versen, die ersten sechs haben fünf Silben, die letzten fünf – sieben

Silben. Die Verse reimen sich nach dem Schema: aabaab⁵/babab⁷. Es sind also nur zwei Reime, jeweils 6 und 5 Wörter reimen sich. Die Zahl Elf ist konstitutiv. Sie bedeutet mehr als zwei Handvoll und weniger als ein Dutzend. Sie symbolisiert ein Zuviel und Zuwenig.

Der Name »Fatrasie« geht auf verschlungenen Wegen auf die lateinischen Wörter *farcire* (vollstopfen) und *farsura* (Füllung) zurück. Die *Farce*, jene komische Einlage in den ernsten religiösen Mirakel- und Mysterienspielen des 14. und 15. Jahrhunderts, ist eine andere späte Verwandte. Die kulinarische Metapher ist aber nicht die einzige Erklärungsmöglichkeit. Eine andere Herleitung will in der »Fatrasie« eine schlichte Verballhornung der »Fantasie« sehen (vom griechisch-lateinischen Paar *phantasma / phantasia*). Ob Küche oder Traum, die beiden Abstammungstheorien gehen gut zusammen: Füllung und Fantasie stemmen sich energisch gegen die Leere des Nicht-Seins.

Der abstruse Zauber dieser poetischen Phänomene beruht nicht zuletzt auf ihrer extremen Seltenheit. Die vermutlich um das Jahr 1290 entstandenen anonymen Fatrasien aus Arras und jene des Juristen und Notabeln Philippe de Beaumanoir (1250 bis 1296) sind nur in je einer einzigen Handschrift des 13. Jahrhunderts aufbewahrt worden.² Dass sie überhaupt erhalten blieben, grenzt an ein Wunder. Wurden die Fatrasien nicht für würdig erachtet, aufgeschrieben und überliefert zu werden? Waren sie für die Zeitgenossen Abfallprodukte, nicht der Rede wert? Sind sie nur die Spitze eines Eisbergs, von dem sonst nichts übrigblieb?

Fünfundfünfzig anonyme – ob von einem Dichter oder mehreren, weiß man nicht – kommen aus der nordfranzösischen Stadt Arras, elf stammen von dem besagten Sire de Beaumanoir. Auch hier scheint die Schicksalszahl Elf ihre Rolle zu spielen: Fünfmal elf (55) anonyme, einmal elf dem genannten Herrn zugeschriebene. Wobei es eigentlich 54 Fatrasien aus Arras sind (Nr. 20 und Nr. 55 sind identisch), die eine wurde vielleicht von einem Schlaumeier im Bewusstsein der Zahlensymbolik verdoppelt, damit die Elf doch noch zu ihrem Recht kommt. Vielleicht ist sie ein Signal für Verrücktheit und närrisches Treiben, für den Beginn der Karnevalsperiode am Martinsfest (»am 11.11., 11 Uhr 11«).

Alles, was in der Fatrasie geschieht, hat »unmöglich« zu sein – und nichts vernünftig. Wo aber alles vom gesunden Menschenverstand her unmöglich ist, ist im poetischen Sinne alles möglich. Vielleicht ist die Fatrasie – jenseits der festen Form – gerade die semantische Gesetzlosigkeit, die pure poetische Anarchie. Die engste Enge der Form mit der größtmöglichen Freiheit an Bedeutungen zu füllen, das ist das bizarre Projekt der Fatrasien. Der Spannungsreichtum zwischen strikter Form und entfesseltem Delirium ist ihr poetischer Reiz. Die Fatrasie lebt von einer fortdauernden Implosion der Bedeutungen. Sie ist eine paradoxe gereimte Ungereimtheit.

Arras oder die Neuerfindung der Poesie

Als Fatrasien-Labor hat sich die nordfranzösische Stadt Arras hervorgetan. Sie unterstand bis zum 12. Jahrhundert der Autorität der Grafen von Flandern, erst durch die Heirat des französischen Königs Philippe Auguste mit Isabelle von Hainaut im Jahr 1180 kam die Stadt zu Frankreich. Ab dem Jahr 1384 – mitten im Hundertjährigen Krieg zwischen Frankreich und England (1339 bis 1453) – gehörte sie den mit den Engländern verbündeten Herzögen von Burgund, bis der französische König Ludwig XI. sie 1477 wieder an sich riss. Im Jahr 1493 fiel die Stadt an Maximilian I. von Österreich und wurde habsburgisch. Vielleicht hatte dieser fremde Herrscher sogar einen Sinn für den fatrasischen Geist der Stadt, denn er ließ über einem der Tore die Worte anbringen: »Wenn die Franzosen Arras einnehmen werden, werden die Mäuse die Katzen fressen« (Quand les François prendront Arras, les souris mangeront les chats). Was nur eine ganz ausgeschlossene Unmöglichkeit bedeuten konnte. Ersteres geschah dennoch, trotz des magischen Bannspruchs: Ludwig XIII. eroberte sie 1640 wieder für Frankreich.

Die Stadt war berühmt für Tuch und Tapisserien, die dort hergestellt wurden. Man kaufte Wolle in England und exportierte textile

Luxusgüter bis nach Italien. Die blühenden Tuchmanufakturen verschafften den Bürgern Reichtum und Ansehen. Aber auch die Geldgeschäfte florierten, man lieh den flämischen Städten, den Klöstern und Grafen großes Geld. Mochte die Kirche den Wucher noch so heftig verdammen: Ganze Dynastien von Bürgergeschlechtern bezogen ihren Reichtum aus dem Geldverleih. Arras liebte das Geld, aber auch gesellige Feste und lauten Betrieb – und nicht zuletzt die Literatur.

Außer noblem Wandschmuck und kostbaren Geweben, außer Kapital und Krediten hatte die Stadt auch literarisch einiges zu bieten. Sie hatte mit Jean Bodel (1165 bis 1210) einen ersten prominenten Dichter, der an Lepra erkrankte und in seinen Klagestrophen, den *Congés*, wehmütig Abschied nahm von Heimatstadt und Freunden. Die Stadt Arras konnte auch den ersten französischen Theaterautor vorzeigen: Adam de la Halle (um 1235 bis 1287), der die Schäferkomödie *Das Spiel von Robin und Marion* (1285) und das *Laubenspiel* (Le Jeu de la Feuillée, 1276) schuf. Letzteres war eine satirische Darstellung einer Reihe von Bürgern der Stadt, der es an Selbstbewusstsein nie mangelte: ein feixender Stadtspiegel, in dem auch ein irrereredender Narr mit deutlich fatrasischem Zungenschlag seinen Auftritt hatte – und der Autor selbst. Adam de la Halles Vater, dem der Sohn schnöden Geiz vorwarf, wird darin ebenso verspottet wie andere Repräsentanten behäbiger Bürgerlichkeit. Aufgrund unbekannter Konflikte musste Adam de la Halle die Stadt verlassen und beschimpfte sie gründlich in seinem *Abschied*: »Arras, Arras, Stadt des Streites und des Hasses und der Verleumdung, die einst ganz Noblesse war ...« Als eine Stadt der Lüge geißelt er sie: »Nichts tut man hier außer lügen«. Der Exilant starb um das Jahr 1287 in Neapel.

Es gab in Nordfrankreich im 13. und 14. Jahrhundert religiösliterarische Gesellschaften, die *Puys* hießen, ihre Inbrunst zunächst der Jungfrau Maria widmeten, sich aber mehr und mehr literarisch betätigten. Es existierten auch Dichter-Bruderschaften, die *confréries*, die an bestimmten Daten des Jahres zu öffentlichem literarischem Wettstreit antraten. Es war eine Frühform der heutigen *poetry festivals*. Gut denkbar, dass sich das absurde bis frivole Spiel der Fatrasien am Rande der »seriösen« Rituale dieser Gesellschaften entfaltete oder zu gewissen Anlässen, etwa im Karneval, ausgelebt werden durfte.

Mit Jean d'Arras hatte die Stadt auch den Autor des berühmten *Melusine*-Romans (um 1393) im Dichter-Inventar, die Geschichte einer Fee und »Wasserfrau« mit Schlangenunterleib. Goethe war zeitlebens fasziniert von dieser Figur und schrieb 1807 *Die neue Melusine*. Jedenfalls muss es ein lebhaftes literarisches Leben in dieser Stadt gegeben haben, die – vor den Katastrophen – stolz war auf ihr bürgerliches Wohlstandsglück. Die besagten Katastrophen von Arras entzündeten eine literarische Phantasie noch in unserer Zeit. In seinem Roman *Eine Messe für die Stadt Arras* von 1971 (deutsch 1988) zeichnet der polnische Autor Andrzej Szczypiorski ein Porträt der Stadt um das Jahr 1458, in einer Zeit von Pest und Hungersnot, grausamen Verfolgungen von Juden, Hexen und Häretikern. Das in den Fatrasien ausgelebte Lachen war am Ende des Mittelalters bitter geworden.

Dichtung war bis zum 13. Jahrhundert fast exklusiv aristokratisch. Die zuerst von okzitanischen Troubadours, dann von nordfranzösischen *Trouvères* geschaffene Liedkunst fand ihr Publikum an kleineren und größeren Adelshöfen. Das Erhabene herrschte in der Literatur: Pathos, Pietät und höfische Liebe in Heldenepen, Heiligenleben und exquisiter Minnelyrik. Das wachsende Verlangen, mit der heroisch oder höfisch inspirierten Dichtung der Aristokratie zu brechen und eine »realistische«, oft provozierend derbe, neue und persönliche Poesie zu schaffen, bedeutete eine literarische Revolution im 13. Jahrhundert. Ausgelöst wurde sie unter anderem durch den Aufstieg des wirtschaftlich prosperierenden Bürgertums und dessen gesteigertes Selbstbewusstsein in den städtischen Zentren. Die neuen Mäzene waren nicht mehr von den Kreuzzügen erschöpfte Aristokraten, sondern gerissene Tuchhändler. Gerade Arras war dank Jean Bodel und Adam de la Halle eine Metropole der neuen Dichtungsart, die um 1260 bis 1285 in Paris mit dem Dichter Rutebeuf einen phänomenalen Höhepunkt erlebte. Die alten aristokratischen Genres waren fragwürdig geworden, Satire und Parodie waren nun angesagt, Spott und Komik. Die hämische Parodie der höfischen Liebesdichtung zirkulierte bereits in Form der *sottes chansons* (»dumme Lieder«).

Es ist ein schöner Widerspruch, dass neben den fünfundfünfzig erhaltenen anonymen Fatrasien aus Arras auch elf von einem aristokratischen Würdenträger stammen. Die elf Gedichte befinden sich in einer Handschrift mit dichterischen Werken des Rechtsgelehrten und königlichen Beamten Philippe de Rémy, Sire de Beaumanoir (um 1250 bis 1296), der zwischen 1270 und 1280 auch literarisch tätig war und die Romane *La Manekine* und *Jehan et Blonde* schuf. Einige Autoren schreiben allerdings diese Werke bereits dem gleichnamigen, zwischen 1262 und 1265 verstorbenen Vater Philippe de Rémy zu, den sie mithin auch für den Erfinder der »Fatrasie« halten. Die Beaumanoirschen Fatrasien wären in dieser Sicht um 1240/1250 entstanden und damit rund vier bis fünf Jahrzehnte älter als die radikaleren Produkte des Widersinns aus Arras, die um 1290 das karnevalistische Licht der Welt erblickten. Vater oder Sohn? Das Rätsel um den Erfinder bleibt im Raum. In letzter Zeit tippen die Zeichendeuter eher auf den Vater. In den Fatrasien mit ihren bizarren Zeugungsvorgängen ist es durchaus annehmbar, dass der Sohn seinen Vater zeugt. Auch die logische Generationenfolge wird in den Fatrasien umgestürzt.

Über den prominenteren Sohn weiß man einfach mehr: Er stand ab 1279 in Diensten des Grafen Robert de Clermont, eines Sohnes von König Ludwig dem Heiligen, welch letzterem er schließlich als Seneschall von Poitou und Saintonge diente. Er wurde in offizieller Mission 1289 zum Papst Nikolaus IV. nach Rom geschickt, dann war er Amtmann (bailli) der Landschaft Vermandois und der Touraine, schließlich der Stadt Senlis im Norden von Paris, bis zu seinem Tod im Jahr 1296. Mehrere dieser Ortsnamen erscheinen in den Fatrasien, als ob er auch noch die Stationen seiner respektablen Laufbahn verballhornen wollte. Ob er die Fatrasien, wenn er denn deren Autor ist, vor seiner offiziellen Karriere schrieb oder sich mit den kleinen Verrücktheiten seine ernsthaften Verpflichtungen und seinen Feierabend versüßte? Es müssen keine Jugendsünden sein,

Alter schützt vor poetischer Torheit nicht. Er ist dennoch in seinen Fatrasien weniger derb und ungezügelt als die anonymen Poeten aus Arras. Obszönitäten mag er nicht, im Gegensatz zu seinen frechen Kollegen aus der Stadt der noblen Tapisserien.

Karneval und Tod

Die Fatrasien betreiben eine verwegene Kombinationskunst. Alles kann mit allem verknüpft werden, Gegenstände, Personen und Tiere, abstrakte Begriffe und konkrete Gesten, Räume und Zeiten. Alle Schranken sind abgeschafft. Die Lebenswelt hält sich an die alltäglichsten Niederungen, das Vokabular ist dinglich-konkret, die Handlungen manchmal grob oder offen gewalttätig. Körperteile und Küchengegenstände, Würfelspiele und Musikinstrumente, kleinstes Getier und seltsame Mischwesen vollziehen einen grotesken Reigen.

Die Dinge bekommen in den Fatrasien ihr furioses Eigenleben. Die Tiere – Katzen, Kraniche, Käsemaden und viele andere mehr – sind höchst einfallsreiche Akteure. Mit besonderer Vorliebe wird die Weinbergschnecke (oder der »Schneckerich«) in Szene gesetzt. Die Fatrasie wimmelt und wuselt. Alles ist drunter und drüber, es herrscht ein grandioses Tohuwabohu. Keiner scheint verantwortlich für das große Durcheinander.

Die Fatrasien zeigen jene »karnevalistische Mesalliance«, die der russische Literatur- und Lachtheoretiker Michail Bachtin (1895 bis 1975) als typisch für den Geist des Karnevals ansah: »Die freie familiäre Beziehung ergreift alles: alle Werte, Gedanken, Phänomene und Dinge. Alles, was durch die hierarchische Weltanschauung außerhalb des Karnevals verschlossen, getrennt, voneinander entfernt war, geht karnevalistische Kontakte und Kombinationen ein. Der Karneval vereinigt, vermengt und vermählt das Geheiligte mit dem Profanen, das Hohe mit dem Niedrigen, das Große mit dem Winzigen, das Weise mit dem Törichten.«[3]

Den »Kern des karnevalistischen Weltempfindens« entdeckte Bachtin im »Pathos des Wechsels und der Veränderung, des Todes und der Erneuerung«. Der nicht-wirksame Tod ist ein häufiges Motiv der Fatrasien. Ein »totgeborener Greis« lässt sich nicht davon abhalten, eine Mühle zu tragen (FA 13). Ein »toter Schnabel« geht noch auf die Jagd, fängt mit der »Vogelfalle« den Lauf eines Sterns ein (FA 17). Wenn etwas Außerordentliches sich abspielt, lässt ein »toter Mann« sich gerne hintragen (FA 20 & 55), und ein »toter Mann, der gut sehen konnte« (FA 38) bewahrt sich seine Sehkraft am liebsten für immer. Enthauptung ist wahrlich kein Hinderungsgrund für Schönheit: Ein »schöner Mann ohne Kopf« spaziert in den Fatrasien herum (FA 34 & 42).

Alles Verkohlte und Eingeäscherte wird, als sei's im Märchen mit seinem archaischen Lebenswasser, wieder lebendig: »Ein Pferd aus Asche / schrie: Erbsen zu verkaufen!« (FA 28). Die Toten lassen sich keinesfalls von allerlei Aktivismus abhalten: »Und zwei tote Männer / kamen schnell angerannt, / eine Tür tragend« (FB 4). Die spätmittelalterliche Tradition des Totentanzes hat bereits in den Fatrasien ihre geheime Urzelle: »Alle Toten eines Friedhofs / machten einen Ringeltanz« (FA 21). Der Tod wird entpathetisiert, die unverrückbaren Grenzen von Zeit und Raum werden aufgehoben.

Und noch einmal Bachtin: »Der Karneval ist das Fest der allvernichtenden und allerneuernden Zeit«. Eine Zeit außerhalb der Zeit entwirft einen utopischen Raum, wo alles möglich ist: »An einem Tag außerhalb der Woche / ergriffen vierzehn Monate die Flucht« (FA 15). Der beiläufigste Zeitpunkt hingegen erfährt seine ultimative Würdigung: »An einem Donnerstag nach Abendbrot« ist ein gehätschelter Moment (FA 8, 20, 43). Die Zeit ist aber auch die Lebenszeit, von der jeder weiß, wie sie anfängt und wie sie endet. Auch die Grundfragen des Menschseins blitzen in den Fatrasien auf: »Woher kommst du? Wohin geht's? *Welcome!*« (FA 23). Willkommen in Wonderland, in Absurdistan, im Wolkenkuckucksheim.

Erstaunlich die Leichtigkeit, mit der geographische Orte verrückt und verschoben werden. In der Fatrasie herrscht »geographische Anarchie«. Manchmal lässt sie das Meer über Orte schwappen, die sich weit im Landesinnern befinden. Der Kontinent bekommt neue Umrisse. Es sind vorzugsweise Ortschaften unterschiedlicher

Größe in Nordfrankreich, von Paris bis zum heutigen Süden Belgiens, von Reims in der Champagne bis Calais am Ärmelkanal; aber auch das südfranzösische Montpellier hat seinen Auftritt. Durch die Kreuzzüge international bekannt gewordene Städte tauchen auf: Akko (im heutigen Israel) und Jerusalem, Damiette im Nildelta ebenso wie Babylon, das im Mittelalter oft mit Kairo verwechselt wurde. Die Fatrasien entwerfen eine verblüffende Geographie, bei der eine sorglose Hand die Orte neu situiert. Der Poet dieser Stücke versteht sich nicht zuletzt als Reisender, und sei es in den Territorien des handfesten Widersinns. Irland, Deutschland, Syrien – auch sie baut er ein in seine karnevalistische geographische Mixtur.

Zartes und Krudes, Zanner und Blecker

Hemmungen kennt diese Hand oder Stimme nicht. Genau wie sie Orte und Zeiten verschiebt, mischt sie Hohes und Niedriges. Werke der Hochliteratur werden zitiert, die *Verse vom Tod* des Hélinant de Froidmont (Ende 12. Jh.), die Figur der Schönen Aude aus dem französischen Nationalepos, dem *Rolandslied* (La Chanson de Roland, Ende 11. Jh.), diverse Ritterepen (chansons de geste), das populäre Tierepos *Reinhart der Fuchs* (Le Roman de Renart, 1174-1250), bis hin zu zeitgenössischen Theaterstücken wie dem erwähnten *Laubenspiel* (1276) des Adam de la Halle aus Arras.

Neben diesen mit Vergnügen zitierten hochkarätigen literarischen Werken existiert in den Fatrasien Derbes und Obszönes, »niedrige« physiologische Handlungen rhythmisieren den Widersinn, Verdauung und Ausscheidung. Die Fürze scheinen eine besondere Rolle zu spielen, in vierzehn Fatrasien erscheinen oder ertönen sie. Das ist vielleicht ein Hinweis auf das mittelalterliche Bohnenfest – samt der Wahl des »Bohnenkönigs« – am Vorabend des Dreikönigstages, das ebenjene Darmwinde beförderte. Bohnengerichte waren auch während des Karnevals beliebt, sie waren die Mahlzeit der Narren.

Natürlich spielt auch Sexuelles eine Rolle. Da gibt es komische Kopulationen und schamlos vorgezeigte weibliche und männliche

Geschlechtsorgane. Ein altes Verfahren der Komik ist mit Entblößung verbunden: »Eine heftige Plaudertasche / hatte die Gewohnheit, / ihre Möse zu zeigen« (FA 52). Seit mythischen Zeiten war das Vorzeigen des Geschlechts ein Mittel, Lachen auszulösen. In der griechischen Mythologie zeugt die Geschichte von Demeter und Baubo von diesem bizarren Brauch. Die für das Wachstum des Getreides und den Ackerbau zuständige Fruchtbarkeitsgöttin Demeter trauerte um ihre Tochter Persephone, die von Hades in die Unterwelt entführt worden war. Demeter irrte umher auf der Suche nach ihrer Tochter, ließ keine Saaten mehr wachsen, zog sich in ihrer Verzweiflung ganz von der Welt zurück. Da begegnet ihr die Amme Baubo (das altgriechische Wort bedeutet »Schoß«). Sie erkennt die Verzweiflung der Göttin, hebt ihre Röcke und entblößt ihre weibliche Scham. Da muss Demeter plötzlich lachen, sie ist von ihrer Trauer befreit und kehrt ins Leben und zu den Saaten zurück.

In diversen Kulturkreisen gibt es ähnliche Geschichten, in der ägyptischen Mythologie wie im alten Japan. Erlösung durch Entblößung durchmisst eine lange mythische und kulturelle Vergangenheit. Der Angst vor dem Tod durch Blasphemie und Obszönität zu widerstehen, ist eine uralte menschliche Konstante. Das Obszöne wurzelt auch in der Verzweiflung darüber, dass jedes Menschenleben mit dem Tod enden muss – mit der schlimmsten Entblößung, die jeder zu erleiden hat. Doch Lachen kann erlösen. In den Fatrasien gibt es kuriose Spitzfindigkeiten in der Wahrnehmung des Sexuellen. Die minutiöse Gründlichkeit im Zusammenhang mit einem entblößten Geschlecht erzeugt Komik: »Im Winkel einer Möse / sah ich einen Dachs / eine Goldstickerei weben« (FA 7).

Das Mittelalter hatte eine Vorliebe für Physiologisches und schrille Obszönitäten. Selbst in kirchlichen Räumen hatten sie ihren Platz: schon im 11. Jahrhundert, auf romanischen Säulenkapitellen im Innern, auf Friesen und Schlusssteinen an der Außenseite der Kirchen. Man nannte solche Elemente »Drôlerien« (von französisch *drôle*: lustig, bizarr). Sie wanderten von der romanischen Baukunst zu den »Chimären«, den monströsen Wasserspeiern, aber auch in die Illuminationen und Miniaturen an den Rändern der gotischen Handschriften.⁴ Mochten die Werke noch so »heilige« Inhalte haben, an den Rändern tummelte sich so manches Ungehörige. Dort gibt es nicht nur komische Mischwesen und diabolische Monster, sondern auch handfest Obszönes: sogenannte »Zanner« (Maulaufreißer, Zähneblecker, Grimassenschneider) und »Blecker«, die ihre Geschlechts- und Ausscheidungsorgane vorzeigen.⁵

Es waren Bilder einer »niedrigen« Welt noch diesseits der Erlösung, die den Glauben des Kirchgängers an das von Christus kommende Heil befestigen sollten. Die Drôlerien entsprangen nicht der zufälligen, launischen Phantasie der Steinmetzen und Maler oder der Schreiber und Kopisten unter den Mönchen, sondern waren Teil der theologisch begründeten Bildprogramme mittelalterlicher Kirchenkunst, in deren Zentrum Heilsgeschichte und göttliche Weltordnung standen. Das Fremde und Erschreckende, aber auch das Närrisch-Widersinnige und Lachhaft-Obszöne deuteten auf Widersacher der göttlichen Heilsordnung. Die Drôlerien waren keine Relikte »heidnischen« Unwesens oder gar von den Handwerkern heimlich plazierte »subversive« Elemente, sondern integraler Bestandteil christlicher Kunst. Sie waren die Gegenbilder der oberen, himmlisch-geistigen Sphären, der groteske Kontrast, damit das Heil des himmlischen Lebens heller strahlen konnte.

Der erlösungsbedürftige Mensch befand sich in den Fängen monströser Tiere und Mischwesen und niedriger, »sündiger« Triebe. Nackte, verrenkte, lustbesessene, gepeinigte Körper gehörten zum täglich sichtbaren Schauspiel der Kirche. Auf das »Weltgericht« mit seinen Höllenszenen traf der Kirchgänger noch vor dem Eintritt in den heiligen Raum, auf dem Tympanon des Portals. Doch über der Hölle erhob sich grandios das Heil. Die überwältigende Schönheit des Göttlichen brauchte die Erinnerung an die irdischen oder höllischen Verrenkungen.

Die mittelalterlichen Menschen hatten in ihrem Leben oft exotische und kuriose Wunder- und Mischwesen, hybride Monster und Teufel vor Augen, die Schrecken erregen oder zum Lachen reizen sollten.⁶ Die spätmittelalterlichen phantastischen Bildfindungen des Malers Hieronymus Bosch (um 1450 bis 1516) waren wohl von

Kindesbeinen an befruchtet und inspiriert von den Monstern, die die Kirche bot. Boschs albtraumhafte Visionen – im *Jüngsten Gericht* (Wien, Gemäldesammlung der Akademie der bildenden Künste), im *Garten der Lüste* (Madrid, Museo del Prado) oder in der *Versuchung des heiligen Antonius* (Lissabon, Museu Nacional de Arte Antiga) – entstanden zwei Jahrhunderte nach den Fatrasien des 13. Jahrhunderts, illustrieren aber noch immer zutreffend den Geist der im 11. Jahrhundert in der romanischen Bauplastik und ab dem 12./13. Jahrhundert in der gotischen Buchkunst aufblitzenden grotesken Darstellungen – die nicht nur zum Lachen reizten, sondern abgründige Ängste verbargen.

Theologie des Lachens

Lachen und Spott waren von der Kirche jahrhundertelang als Teufelswerk verpönt.[7] Ein Apostelwort warnte eindringlich vor »närrischer Rede« und »leichtfertigen Scherzen« (Paulus, Epistel an die Epheser, 5,4). Die Kirchenväter Basilios der Große (330 bis 379) und Johannes Chrysostomos (um 344 bis 407) behaupteten ernsthaft, Jesus Christus habe in seinem Erdenleben kein einziges Mal gelacht. Belege für die Verdammung des Lachens gibt es in vielen Ordensregeln des Mittelalters, in denen die Mönche zu Schweigsamkeit und Demut verpflichtet wurden. Die Virulenz der Lach-Problematik im Mittelalter ist unseren Zeitgenossen durch Umberto Ecos Bestseller-Roman *Der Name der Rose* und dessen Verfilmung von Jean-Jacques Annaud bewusst geworden. Man erinnert sich an die mörderischen Machenschaften des grimmigen Jorge de Burgos, der die schamlosen Lacher ausmerzen wollte.

Das Lachen ließ sich nicht beseitigen. Ab dem 12. Jahrhundert drang allmählich Aristoteles' These durch, dass das Lachen dem Menschen ureigen, dass es naturgegeben sei. Laut dem antiken Philosophen unterscheidet gerade das Lachen den Menschen vom Tier. Thomas von Aquin (1225 bis 1274) legitimierte schließlich Spiel und Scherz, integrierte sie in das christliche Tugendsystem.

Die Unterscheidung von gutem, mäßigem, heiterem Lachen und hämischem, höhnischem, bösem Gelächter kam auf. Das gute, also erlaubte Lachen war eine Vorahnung der Freuden des Paradieses.

Das Lachen ließ sich von der gestrengen Kirche auf Dauer nicht unterdrücken. Es fand seine Einfallstore und blieb für Jahrhunderte im Kirchenraum. In die Predigt am Ostersonntag hatte der Pfarrer komische Geschichten einzubauen, um das sogenannte Osterlachen (risus paschalis) auszulösen. Nicht selten waren es Späße mit sexuellen Anspielungen, obszöne Witze, komödiantische Nachäffungen der verborgenen Spiele von Eheleuten.[8] Es war ein ersehnter Moment der Befreiung, eine österliche Auferstehung zum Leben. Die Auferstehung des Leibes.

Das Lachen bedeutet einen Sieg über die Furcht. Die Fatrasien sind ein Teil jener »zügellosen« Lachkultur, die Michail Bachtin als beharrliche Gegenmacht gegen das Offizielle, die bestehende Ordnung, das starre Gerüst des Kirchenjahres und die Hierarchie der Würdenträger beschrieb. Die Fatrasien erwähnt Bachtin nie, er kannte sie wohl nicht, sie waren ein jahrhundertelang unbekanntes, in einem einzigen Manuskript überliefertes, marginales Phänomen. Aber er hätte sich sehr gewundert über diese kleinen Prunkstücke entfesselter, respektloser, karnevalesker Lachkultur.

Das Mittelalter liebte die grotesk-komischen »Verkehrungsfeste«, bei denen zu bestimmten Zeiten im Jahr alle Ordnungen umgestülpt werden durften. Ihre Vorläufer in der römischen Antike waren die »Saturnalien«. Das Leben war für die unteren Schichten vielfach elend. Der Ausbruch aus dem Alltag, das ausgelassene Fest – eine lebenswichtige Notwendigkeit in einer Welt von Unrecht, Gewalt, Höllenängsten, Hunger und Pest.

Die Fastnacht ist das bekannteste Verkehrungsfest, das ältere »Narrenbischofsfest« entwickelte sich schon im 10. Jahrhundert. Noch vor dem Karneval gab es die *asinaria festa*, das Narrenfest des Esels, eine Art Hochamt-Parodie am Tag der Subdiakone. Im Französischen hieß es auch schlicht: *la fête des fous*, das Fest der Narren. Die Werte der mächtigen Geistlichkeit und deren Rituale wurden dabei auf den Kopf gestellt, das Unterste – in jedem Sinne – zuoberst gekehrt. Der niedrige Klerus durfte sich für einmal groß und mächtig fühlen.

Ein Eselsbischof mit Mitra und Eselsschwanz wurde eingesetzt, eine Esels- und Trinkermesse gefeiert, eine Prozession abgehalten und nicht sehr katholische Szenen aufgeführt. Der Esel wurde als Symbol sexueller Potenz ebenso gefeiert wie der doppelgesichtige römische Gott Janus, der Gott des Übergangs und der Ambivalenz. Ihm verdanken wir den Monat Januar. Das Eselsfest fand zwischen dem Weihnachtstag und der Epiphanie (6. Januar) statt, in den Rauhnächten, wenn die festgefügte Ordnung von allerlei schrillen Dämonen außer Kraft gesetzt werden konnte. Vielleicht spielt die Fatrasie Nr. 37 auf dieses Fest an: »Mit einem vollen Topf Honigwein / machten sie den Esel fliegen«.

Spott und Freiheit

Komik und Spott sind ein markantes Element der Fatrasien, auch die Satire gehört zum Repertoire: Keiner kann sicher sein vor Verhöhnung, weder Aristokratie noch Klerus. Heroisches und Erhabenes werden herabgesetzt. Die Verspottung der Geistlichkeit war bereits Konvention, der Fatrasien-Dichter spitzt sie weiter zu. Ihre Exzellenz, der Bischof von Beauvais? Eine Instanz, bei der sogar die Fische gerne Bier trinken: »Alle Heringe von Calais / tranken einen vollen Kübel Bier / beim Bischof von Beauvais« (FA 35). Das Mönchtum ist nicht mehr, was es einmal war: »Ein Mönch aus Kreide / zappelte vor Freude / einen Schinken fickend« (FA 32). »Zehntausend / Affen herbei, lauter Kaplane« (FA 36) – das ist keine Versammlung untadeliger Geistlichkeit. »Zwei Affen als Schlossherren« (FA 14) und ein »Tölpel von Höfling« (FA 53) sind keine hehren Repräsentanten ihres noblen Standes. Sogar der mythische König Arthur geht karnevalsgerecht »schwanger mit lebendem Kind« (FA 22). Dennoch ist die Satire nicht das Hauptanliegen der Fatrasie, sondern nur eines der gemischten Elemente. Die Fatrasie ist gleichsam der Spieltrieb der Sprache, die sich selbst mit allen Mitteln zum Jubeln bringen will.

Das Derbe und Obszöne ist eine unabdingbare Würze, aber auch dieses Element erscheint nicht systematisch. Die Texte wären einfältig, handelte es sich nur um die graffitiartige Ansammlung unflätiger Reden. Wären sie besessen von obszöner und skatologischer Thematik, sie wären Zeugnisse einer Obsession, aber keine Poesie, die von der Überraschung lebt, nicht von Mechanischem, nicht von Reflexen. Wenn das bewusste Thema aber auftaucht, ist der Fatrasien-Dichter schamlos. Auch die plötzliche Präsenz von Geschlechtsorganen und Ausscheidungsorten erscheint als Überraschung im Reigen der wörtlichen Überrumpelungen. Im selben Stück kommen pure Lyrismen vor. Ein schönes Beispiel ist die Fatrasie Nr. 17, die nicht nur einen »Furz beim Ficken« inszeniert, sondern zauberhaft Lyrisches vorführt (»als ein toter Schnabel / mit der Vogelfalle / den Lauf eines Sterns einfing«, »in der Luft flog ein Roggenkorn«) und hinreißende Unmöglichkeiten.

Der Fatrasien-Dichter ist zu klug, um sich auf ein Verfahren der Verblüffung festzulegen. Das Gesetz der Freiheit, das in diesen Texten herrscht, ist auch die Freiheit von simplen Obsessionen. Die absurde Welt der Fatrasien ist nie einfältig, sondern wimmelnd-vielgestaltig. Genetisch Zweifelhaftes (»von einem Stier geborene Kinder«, FA 33), Hybrides und kopflos Verkuppeltes geben sich ein Stelldichein im absurden Gedicht, merkwürdige Zeugungsvorgänge spielen sich ab: »Die Nacht schlief mit ihrer Urgroßmutter / und zeugte ein Wachspüppchen« (FA 21).

Die glücklichen Erben des Unsinns

Die Fatrasie aber starb gleich nach ihrer Geburt am Ende des 13. Jahrhunderts aus. Das ist kein Witz. Sie auferstand jedoch in einer etwas anderen Form nur ein paar Jahre oder Jahrzehnte später, im ersten Drittel des 14. Jahrhunderts, im Genre des *Fatras*. Die Form ist leicht erweitert, der Inhalt bleibt zunächst der alten Verrücktheit verpflichtet. Gleichsam als Provokation erscheint zu Beginn ein Zweizeiler von konventioneller Machart, dessen erster Vers gleich darauf wiederholt wird und den eigentlichen Fatras eröffnet, dessen zweiter Vers jedoch erst ganz am Schluss wiederkehrt und ihn beschließt. Das Reimschema lautet also: AB AabaabbabaB. Das Gedicht hat dreizehn Verse, zwei Verse bilden die »Vorgabe«, dann folgen wiederum elf Verse – die magische Zahl der Fatrasie.

Der vorangehende Zweizeiler ist förmlich-betulich meist mit der Liebe beschäftigt – einem Thema, das die Fatrasie gerade nicht interessiert hatte! – und stammt aus einem damals vermutlich weithin bekannten Liebeslied. Der schöne, harmonische Zweizeiler ist scheinbar eine heile, in Wirklichkeit jedoch hämische Erinnerung an das höfische Ideal der »feinen Liebe« und an die aristokratische Dichtung. Dann aber legt der Fatras-Dichter ungezügelt los mit lauter Unsinn und himmelschreienden Derbheiten. Der noble Zweizeiler zu Beginn wird wie eine Auster aufgebrochen und mit lauter irrem Plunder und verrückten »Füllseln« gefüllt.

Besonders Watriquet Brassenel de Couvin hat sich um das Jahr 1325 als Fatras-Dichter hervorgetan. Er stammte aus Couvin in der belgischen Provinz Namur, verbrachte jedoch einen großen Teil seines Lebens in Frankreich, an der Loire, als Dichter und Spielmann des Grafen Guy de Blois, und eine Zeitlang diente er dem lokalen Würdenträger Gaucher de Castillon. Geboren wurde er in den letzten Jahren des 13. Jahrhunderts, sein Todesdatum ist unbekannt. Watriquets dreißig Fatras sind das größte bekannte Korpus. In einem mittelalterlichen Manuskript steht gleichsam als Aufführungsvermerk: »Hier beginnen die Fatras, mit denen Raimmondin und Watriquet einen Wettstreit aufführten am Ostertag vor König Philipp von Frankreich.«[9]

Der sonst unbekannte Raimmondin war vermutlich ein Spielmannskollege oder schlicht ein Assistent des prominenten Dichters Watriquet. Mit dem König von Frankreich ist vermutlich Philipp VI. gemeint, der erste Valois-König, der von 1328 bis 1350 regierte. Dass der Fatras mit seinem geballten Unsinn selbst einem König am Ostertag zur Unterhaltung dienen konnte mit allen zuweilen obszönen Einfällen, sagt einiges über die Gesellschaftsfähigkeit des Fatras. Das rituelle, befreiende »Osterlachen« gab es also selbst an Königshöfen. Auch Könige konnten am Fest der Auferstehung des Herrn ihre Freude haben am Fest des Widersinns und des Obszönen.

Vor dem König und vornehmem Publikum also wird ein »Wettstreit« aufgeführt. Der Fatras ist eine – vielleicht improvisierte – Performance-Rede, eine Art mittelalterliche *Slam Poetry* oder scharfer Rap, und die beiden besagten Rapper aus dem 14. Jahrhundert legen sich mächtig ins Zeug, scheuen keinen Schock. Auffällig ist die Häme gegen die Religion. Sogar Gott wird bedroht. Im Fatras Nr. 1 springt ein Wolf los, »Gott im Paradies zu töten«, in Nr. 6 »geht das Paradies zu Ende«. Den Tod Gottes zu denken, ist im mittelalterlichen Kontext unerhört, kühner als Nietzsches moderner Ausruf »Gott ist tot!«.[10] Dann wieder (in Nr. 12) will der Sprecher, als wäre er ein Mehlhändler, »Gott wägen«, dem wiederum gedroht wird: »Aber ich werde Gott wägen auf einer Waage, / und wenn er mich nicht zu seinem Ebenbild macht, / werd ich mich beklagen bei einem Messer ohne Griff.« Gewogen und für zu leicht befunden? Watriquets Verwegenheit ist hinterhältig blasphemisch.

Bekannte »hochliterarische« Texte, die die ursprüngliche Fatrasie aus Arras mit kennerischem Genuss zitierte, scheinen Watriquet nicht zu scheren. Auch beachtet er die kluge Dosierung der Obszönität, wie sie die Fatrasien-Dichter praktizierten, keineswegs. Über die Hälfte der Fatras weisen obszöne und skatologische Motive auf, einige kreisen obsessiv um Fäkales und vergessen dabei, absurd zu sein. Oder war dafür sein »Assistent« Raimmondin zuständig, als Gegenstimme gleichsam, die tief ins untere Register ging? Das wäre nun allzu praktisch, wenn man die anale Fixierung einfach dem unbekannten Raimmondin zuschieben könnte.

Doch Watriquet braucht kein Heiliger zu sein. Man sollte auch in mittelalterlichen Texten den Autor nicht mit der Maske verwechseln. In seiner *Erzählung vom Storch* (Li Dis de la Cygoigne, 20-27) nämlich gebärdet sich Watriquet als Moralist und beklagt den schlechten Massengeschmack: »In solchen Leuten gibt es wenig

Güte, / die überhaupt keinen Eifer zeigen, / sich das zu merken, was man ihnen sagt, / ein moralisches Beispiel etwa oder gute Worte; / aus einem Fatras oder einem frivolen Witz / machen sie sich ein hunderttausendmal größeres Fest, / und das geht ihnen viel eher in den Kopf / als eine gute, ehrenhafte Geschichte.« Sind anale Fixierung und Ausscheidungen das Hauptmotiv einiger Fatras des Zweierteams Watriquet/Raimmondin und nicht Widersinn und Absurdität, wurden sie für dieses Buch leider ausgeschieden (Ausscheidung bleibt Ausscheidung). Die fünfzehn interessantesten Watriquet-Fatras jedoch – also die Hälfte des bekannten Korpus – wurden aufgenommen. Sie weisen die passende Verrücktheit aus.

Der »unmögliche« Fatras und sein Gegenteil

Nach Watriquet vergehen hundert Jahre. Der aus Chalon-sur-Saône stammende, zu Beginn des 15. Jahrhunderts geborene Baudet Herenc hinterließ in seinem Lehrbuch der rhetorischen Kunst (Doctrinal de la Seconde Rhétorique) von 1432 vier Fatras, aber nur deren zwei sind so genannte »unmögliche« Fatras – und einer der beiden ist sogar ein »doppelter Fatras«. Denn die Fatras-Form wurde beibehalten, wanderte weiter durch die Jahrzehnte, aber die Verrücktheit erlosch bisweilen. Der Inhalt spaltete sich allmählich auf in den besagten »unmöglichen«, d. h. irrationalen, unlogischen Fatras, und den »möglichen«, der zahm oder inbrünstig religiöse Inhalte darbrachte, sich geradezu zum Gebet entwickelte. Dieses gezähmte religiöse Gedicht ist so weit von den »fliegenden Eseln« der Fatrasie entfernt, dass es in unserem Projekt keinen Platz mehr hat. Sowohl das Hyper-Obszöne wie das Ultra-Religiöse sind Abweichungen vom absurden Geist der Ur-Fatrasie.

Zwischen Watriquet und Baudet Herenc liegt also ein Jahrhundert, in dem anscheinend fatrasische Stille herrschte – oder vielmehr: in denen es nicht notwendig oder angemessen schien, Fatras aufzuschreiben und aufzubewahren. Dieses Faktum deutet auf Mündlichkeit und Improvisation des Fatras. Doch viele mittelalterliche Handschriften sind in Bränden und Kriegen verlorengegangen. Nur ein versprengter Anonymus erscheint noch mit dem einzigen Fatras »Hütet also besser eure Hühner« in einer Rhetorik-Abhandlung von ungesichertem Datum (Ende 14./Anfang 15. Jahrhundert).

Dann gibt es noch einmal vier gerissene Fatras, überraschenderweise mitten in einem »vernünftigen« Kontext: in dem umfangreichen autobiographischen Bericht des Burgunders Jean Régnier, Amtmann zu Auxerre, über seine 1432/33 in französischer Gefangenschaft erlebten und erlittenen *Fortunes et adversitez* (»Geschicke und Widrigkeiten«). Es ist die Zeit des Hundertjährigen Krieges (1339 bis 1453), und Wegelagerer nahmen wahllos Menschen gefangen, um Lösegeld zu erpressen. Im allerletzten »unmöglichen« Fatras Régniers wird das absurde Gedicht noch zur Gefängnispoesie, zum Bericht eines Gefolterten, zur Stimme der Verzweiflung, die aus dem Turmverlies von Beauvais dringt. Der Wahnsinn der kriegerischen Realität hatte den Widersinn der Fatrasie überholt. Régnier klagt unmittelbar davor, in einem Bittschreiben an den Herzog von Burgund, seinen Folterer und Schinder an, flicht dann in seinen bitteren Fatras einen Psalmenvers ein, um der Schilderung seines Schmerzes Gewicht zu verleihen. Es ist eine modern anmutende Montage und Mischung von biblischem Fremdtext und fatrasischer Paradoxie.

Der »mögliche«, religiöse Fatras hatte bereits die Oberhand gewonnen über den »unmöglichen«. Aus der besessenen Anarchie der Ur-Fatrasie entstand letztlich Erbauliches, das Gebet. Eine Demonstration der Wahrheit, dass das menschliche Denken die fatrasische Unordnung nicht allzu lange aushält, dass es den wuchernden Wildwuchs der Bedeutungen in geordnete und gesittete Bahnen lenken will; dass es nicht ohne den Sinn auskommt, den ihm der Widersinn immer wieder vorenthält. Das versprochene Heil will den Heillosen einholen, heimholen. Den Lebensmut der Unheilbaren beweist, wer dieses Versprechen nicht braucht. Das Grundgesetz der Fatrasie aber ist die Heillosigkeit.

Zählt man die fünfzehn aufgenommenen Fatras von Watriquet, den einen des Anonymus, die zwei »unmöglichen« Fatras von Baudet Herenc und die vier von Jean Régnier zur Anzahl der Fatrasien (55 aus Arras, 11 von Philippe de Beaumanoir) hinzu, ergibt sich die Gesamtzahl von 88 – eine Zahl, die durch die magische Fatrasien-Ziffer 11 teilbar ist. Die 8 steht in der Zahlensymbolik für die Unendlichkeit, die Verdoppelung der 8 vielleicht für ein unendlich absurdes Parallel-Universum, will sagen: die unendlich fortdauernde Absurdität wahrer Poesie.

Sonnenfinsternis und Zauberlieder

Die mittelalterliche französische Fatrasie ist in ihrer geballten Radikalität neu und fügt sich dennoch in eine Tradition. Schon in der antiken Literatur gab es die »Reihung unmöglicher Dinge«, griechisch hießen sie *Adynata*, lateinisch – *Impossibilia*. Sie waren Ausdruck der »Verkehrten Welt«.[11] Zum ersten Mal tauchten sie bei dem auf der Insel Paros geborenen Dichter Archilochos auf. Die Sonnenfinsternis des 6. April 648 v. Chr. gab ihm den Gedanken ein, dass fortan nichts mehr unmöglich sei, da Zeus die Sonne, das Leben spendende Gestirn, verdunkelt habe. Jetzt müsse man auf alles gefasst sein: »Delphine leben hoch auf den Bergen, und Steinböcke weiden im Meer« (Fragment 74). »Feuchte Angst« komme deshalb über die Menschen. Die »unmöglichen Dinge« haben also von Anfang an eine unheimliche, apokalyptische Dimension. Die Sonnenfinsternis ist der Prototyp des geschauten Unmöglichen, die »schwarze Sonne« das erste denkbare Oxymoron (die Redefigur bedeutet im Griechischen: »scharfsinnig-dumm«).

Die Offenbarung des Johannes, die Apokalypse, bestätigt im biblischen Kontext das Aufkommen von Chaosmächten und Mischwesen mit dem »fünften Engel« (9, 1-11). Er bläst in die Posaune und verkündet die Heuschrecken, die aus dem Rauch des Abgrunds steigen als hybride Monster, um den Menschen zu peinigen: mit Löwengebiss, eisernem Panzer, Schwänzen mit Skorpionstachel, der Kampfkraft von Schlachtrössern, Menschengesichtern und Frauenhaar.

Ob diesen apokalyptischen Schreckensvisionen darf nicht vergessen werden, dass die Vereinigung des Unvereinbaren in den prophetischen Schriften des Alten Testaments nicht nur eine negative Dimension hatte, sondern auch als Ankündigung eines zukünftigen Friedensreiches aufgefasst werden konnte, wo alles scheinbar Widersinnige möglich würde und alles Unversöhnliche – versöhnt. So etwa beim Propheten Jesaja (11, 6-8):

> Da wird der Wolf bei dem Lämmlein wohnen, der Leopard bei dem Böcklein niederliegen. Das Kalb, der junge Löwe und das Mastvieh werden beieinander sein, also dass sie ein kleiner Knabe treiben wird. Die Kuh und die Bärin werden miteinander weiden, und ihre Jungen zusammen lagern. Der Löwe wird Stroh essen wie das Rindvieh. Der Säugling wird spielen an dem Loch der Otter ...

Eine ambivalent apokalyptische wie utopische Dimension der »Unmöglichkeiten« bestand also seit der Antike. Traditionell waren solche Widersprüche aber auch ein Signal der Liebesverstörung. Das Modell wurde der abendländischen Poesie von ihrer ersten Dichterin, Sappho, die um 600 v. Chr. auf der Insel Lesbos lebte, eingehaucht: Sie besang das »süß-bittere Monster« des Eros.

Offenbar ist nicht nur das Erschrecken über eine Sonnenfinsternis die Urzelle des poetischen Widerspruchs, sondern auch Trauer über die Enttäuschungen der Liebe. Doch vielleicht muss man noch weiter zurückgehen, nach Sumer und Babylon, in das altorientalische Epos – zurück in den ältesten literarischen Stoff überhaupt. In der sechsten Tafel des *Gilgamesch*-Epos (Verse 33-42) findet sich eine Schimpfrede Gilgameschs gegen die Liebesgöttin Ischtar, die aus lauter »Unmöglichkeiten« gewoben ist:

> Du Frost, der kein Eis gefrieren lässt!
> Du Türchen für die Tauben, durch das nicht Wind
>   noch Wehen aufgehalten wird!
> Du Palast, der die eigenen Krieger niederstreckt!
> Du Elefant, der seine eigene Decke frisst!
> Du Pech, das den, der's trägt, beschmiert![12]

Der für das Mittelalter wichtigste antike Dichter war Vergil (70 bis 19 v. Chr.). In seinen Hirtengedichten, den *Bucolica*, in der 8. Ekloge, lässt er den von der unerwiderten Liebe zu dem Mädchen Nysa enttäuschten Hirten Damon den »grausamen Amor« beschimpfen und die »verkehrte Welt« beschwören. Die Welt ist für ihn zusammengebrochen (»Jetzt soll alles ein tiefes Meer werden!«), aller Sinn hat sich in Unsinn verkehrt (52-56):

> Jetzt soll fliehen vor Schafen der Wolf,
> jetzt trage der harte Eichbaum
> goldene Äpfel, Narzissenblüten die Erle,
> aus Tamariskenrinde soll goldig quellen der Bernstein,
> streiten soll gegen Schwäne der Kauz ...[13]

Nichts ist mehr, wie es einmal war. Bei Vergil gibt es immerhin ein Gegenmittel gegen den Einsturz der Welt und des Sinns. In derselben 8. Ekloge nämlich folgt auf Damons Verzweiflung das Lied des Alphesibœus, das die Macht magischer Riten beschwört, die Kraft der Zauberlieder, die die verlorene Geliebte zurückbringen könnten, denn: »Zauberlieder können sogar den Mond vom Himmel herunterholen« (Carmina vel caelo possunt deducere lunam).

Doch nicht jeder ist imstande, den Trost der Lieder zu kosten. Der von Kaiser Augustus im Jahre 8 n. Chr. nach Tomis, ans Schwarze Meer verbannte Dichter Ovid (43 v. Chr. bis 18 n. Chr.) beklagt sich mit lauter »Unmöglichkeiten« über die Treulosigkeit eines einstigen Freundes in der 8. Elegie des ersten Buches seiner Exildichtung *Tristia* (1-10):

> Flüsse werden vom Meer nun rückwärts ins hohe Gebirge
> strömen, und Sol wird zurück wenden sein Rossegespann.
> Sterne entsprießen der Erde, den Himmel wird
> furchen die Pflugschar,
> Flammen entspringen der Flut, Feuer bringt Wasser hervor.
> Alles Geschehen wird strikt dem Naturgesetz widersprechen,
> nichts in der Welt wird noch wandeln die eigene Bahn.

Nun kommt alles, was ich für ein Ding der Unmöglichkeit ansah, und es verbleibt nichts mehr, das keinen Glauben verdient.[14]

Der Widersinn ist hier der Ausdruck von Untröstlichkeit und Trostlosigkeit. Der »ans Ende der Welt« verbannte Ovid des Exils beklagt eine zutiefst kaputte Welt. Und auch er wurde – wie sein Kollege Vergil – im Mittelalter begierig gehört. In den mittelalterlichen lateinischen Dichtungen der Vaganten und Scholaren, den *Carmina Burana* (12. Jahrhundert), wurde dieselbe »verkehrte Welt« beschworen, als Klage über die Verkommenheit der neuen Zeit. Im 6. Stück *Florebat olim* (»Einstmals blühte«):

> Was ehdem unwert galt mit Fug,
> das lockt uns heut mit hellem Trug;
> aus heiß wird kalt in unsrer Zeit,
> die Feuchte wird zur Trockenheit,
> die Tugend ist heut lasterhaft,
> der alte Fleiß ist faul erschlafft;
> ach, alles bricht aus seiner Bahn
> und jeder folgt dem eignen Wahn.[15]

Apokalyptisches Entsetzen über die verfinsterte Sonne, Verzweiflung über die grausame Macht des Eros, über enttäuschte Liebe und eine kaputte Welt, über den Niedergang von Treue, Freundschaft und »Tugend«, aber auch die euphorische Beschwörung einer utopisch neuen Welt und der magischen Macht des Wortes, der Zauberlieder: Die Versammlung völlig unmöglicher Dinge scheint schon in der Antike und im Mittelalter viele Antriebe zu haben.

Verkehrte Blumen, falsche Wahrheiten

Die mittelalterliche okzitanische und französische Dichtung hegte eine geheime Vorliebe für paradoxe, widersprüchliche Aussagen. Schon die Poesie der Troubadours liefert erstaunliche Vorbilder. Die berühmte Kanzone *Ich mach ein Lied aus reinem Nichts* (Farai un vers de dreyt nien), eines der elf überlieferten Gedichte des ersten Troubadours, Guilhem IX., Herzog von Aquitanien (1071 bis 1127), ist ein Festakt des poetischen Widerspruchs, ein Ort aus Paradox und Parodie:

> Ich mach ein Lied aus reinem Nichts, / Von mir nicht und von keinem sprichts, / (...) / Weiß nicht, wann ich geboren bin, / Von trübem oder frohem Sinn? / Nicht fremd bin ich und nicht von hier / (...) / Ob ich jetzt schlafe, weiß ich nicht. / Ein andrer geb mir Unterricht! / (...) / Ich zittre heiß vor Todesplagen / Und weiß das nur vom Hörensagen; / (...) / Hab eine Liebste, kenn sie nicht, / Noch nie kam sie mir zu Gesicht ...

Das Gedicht widerlegt sich immerzu selbst, was immer in ihm behauptet wird – sofort wird es umgestürzt.[16] Poesie war also von Anfang an der inszenierte Totalverlust aller Gewissheiten.

Die Fatrasie Nr. 54 scheint dieses Prachtstück der Troubadourslyrik zu zitieren, wenn der Fatrasien-Dichter bekennt: »Ich dichte im Schlaf«. Denn Guilhems *Lied aus reinem Nichts* spricht vom Dichten zu Pferd und im Schlaf: »Ich hab's im Schlaf gemacht, als ich / im Sattel saß.« Und wenn der Surrealismus und seine Halbschlaf-Experimente im fernen Mittelalter entstanden wären? Auch der »Schatten eines Böttchers, / der einschläft, um besser zu wachen« in der Fatrasie Nr. 5 mutet surrealistisch an.

Guilhems *Lied aus reinem Nichts* ist zweifellos eine Wurzel der modernen Poesie. Aber was ist mit den Fatrasien und ihren fliegenden Eseln und totgeborenen Greisen, den Pferden aus Asche und Würsten aus Glas, den Tagen außerhalb der Woche, den kopflosen Schönheiten, dem Schrei einer toten Wachtel und einem Eierkuchen aus Nichts? Immerhin nahm der Surrealist Paul Eluard ein paar Musterbeispiele aus den Fatrasien in seine kanonische *Erste lebendige Anthologie der Poesie der Vergangenheit* (Première anthologie vivante de la poésie du passé, 1951) auf.

Es gab also bereits bei den okzitanisch dichtenden Troubadours in Südfrankreich kleine, energische Feste des Absurden. Der Sprachakrobat Raimbaut d'Aurenga (um 1130 bis 1173) sah in seiner

Kanzone *Ar resplan la flors enversa* vor lauter Liebesverwirrung »verkehrte Blumen« blühen. Der in Ribérac (Dordogne) geborene Arnaut Daniel (um 1150 bis 1210) war im Mittelalter weithin bekannt, weil ihn Dante in der *Divina Commedia* als den »besten Schmied seiner Muttersprache« rühmte. Dieser Sprachschmied aber charakterisierte sich selber durch pure Paradoxe: »Ich bin Arnaut, der Luft aufhäuft, / den Hasen mit dem Ochsen jagt / und gegen den Strom schwimmt«.

Ein Experte im Reich des Widersinns wird die französische Literatur des Mittelalters beschließen – der Poet und Vagabund François Villon (1431 bis 1463?). Er hatte eine markante Vorliebe für paradoxe Aussagen, wie sie besonders konzentriert in zwei um 1458 entstandenen Balladen vorkommen – in der *Ballade der Widersprüche* (oder: »Ballade vom Dichterwettstreit zu Blois«) und in der *Ballade der falschen Wahrheiten*.[17]

> Ich sterbe vor Durst ganz nahe bei der Quelle,
> Ich glühe heiß, mir klappert Zahn an Zahn;
> Ich sitze frierend an der Feuerstelle,
> Im eignen Vaterland ein fremder Mann;
> Nackt wie ein Wurm und fürstlich angetan,
> Vor Tränen lachend, harrend hoffnungslos,
> Getröstet nur in der Verzweiflung Schoß:
> In meiner Freude ist die Lust dahin,
> Und mächtig bin ich Macht und Kräfte los,
> Ich – überall beliebt und so verschrien.

Poetisch radikaler noch zeigt sich die *Ballade der falschen Wahrheiten*, wo der Sinn in jeder Zeile in den Widersinn kippt:

> Nur wenn man hungert, hat man Durst,
> Und Nutzen nur vom Feinde kommt,
> Man kaut gleich gern so Kraut wie Wurst,
> Und nur wer schläft, als Wächter frommt;
> Nur Wohltat brütet der Verrat,
> Der Feigling nur beweist viel Mut,

> Und nur die Falschheit Treue hat,
> Nur der Verliebte rät dir gut.[18]

Derselbe Dichter Villon parodiert hämisch in seinem Hauptwerk, dem *Testament* (1461/62), den Topos der Liebesverwirrung in den »Anklagen gegen die treulose Geliebte« und ruft den absurden Widerspruchsgeist der Fatrasien wach (Achtzeiler 68):

> Der Himmel ward zum Topf aus Eisen,
> Die Wolke ward zur Kälberhaut,
> Der Kohl wollt plötzlich Rübe heißen
> Und Morgen war, wo Abend graut;
> Aus schalem Bier ward junger Wein,
> Ein Schwein sah ich als Mühle an,
> Der Galgenstrick ward seidenfein,
> Ein fetter Pfaff ward zum Galan.[19]

Das Paradox ist schärfster Ausdruck der Komplexität allen psychischen Geschehens. Aber auch das beste Abbild des Poetischen. Es zeigt eine Gegenwelt, in der alles Angelernte plötzlich aufgehoben ist. Der erste okzitanische Troubadour Guilhem IX. weist in seinem *Lied aus reinem Nichts* auf den letzten Poeten des französischen Mittelalters voraus, auf François Villon, den Dichter der *falschen Wahrheiten*. Bei Villon ist die Figur des scheinbaren Widersinns endgültig die Figur poetischer Sinnfülle. Auch für die Fatrasien des 13. Jahrhunderts – zeitlich genau in der Mitte zwischen Guilhem IX. und François Villon – könnte es gelten: Der Widersinn ist nicht das Fehlen jeden Sinns, sondern vielleicht eine unvermutete Überfülle an Sinn, ein verschwenderisches Angebot namens Poesie.

Ironisches Chaos und winzige Albträume

Die »unmöglichen Dinge« sind in der antiken wie in der mittelalterlichen Dichtung nur kleine, punktuelle Feuerherde, verstörte Inseln mitten im regulären Textmeer. Doch nirgendwo auf der Welt gibt es so viel geballte Absurdität wie in den französischen Fatrasien des 13. Jahrhunderts. Nirgendwo ist das Reich des Oxymorons (»ein totgeborener Greis«) so dichtgedrängt wie hier.

Hier sind Extremisten des Widersinns am Werk. Eine Welt wird grotesk fragmentiert, verzerrt und verbeult. Der Fatrasien-Dichter enthält sich, eine neue zu schaffen. Ironisches Chaos ist der Weltzustand der Fatrasie. Wundern kann man sich nie genug über das überreiche Angebot an Unmöglich-Möglichem. Die Möglichkeitsform, der Konditional, ist ohnehin ein Lieblingsmodus, auch wenn er keinerlei erwünschte Lösungen oder schöne Utopien erbringen kann: »Wäre nicht ein Kirchenfenster gewesen, / hätten zwei Weinbergschnecken, sogar drei, / zehn Engländer gezwungen, / von Paris bis nach Bayern / zu schreien: Barbara und O-Gott-o-Gott« (FA 10). Die schönste Logik bleibt die Scheinlogik, die hochgemute Simulation absurder Kausalität: »Wären nicht zwei Küken gewesen, / die ein Engländer ausbrüten sollte, / wäre Saladin verraten worden / am Eingang zum Meer« (FA 11).

Die Fatrasie wurde von Kennern als »aggressive Anti-Lyrik« bezeichnet.[20] Eine gewisse Lust an Zerstörung und Gewalt ist nicht zu übersehen: Da wird einem Furz »ein Ohr abgeschnitten« (FA 17), die Strafe zugefügt, die für Diebe und Vagabunden vorgesehen war, und nicht selten setzt es Prügel. Das Kleinste kann dem Königlichen übel mitspielen, sogar bei Philippe de Beaumanoir, auch wenn es dank absurder Größenverhältnisse nur eine Pseudo-Aggression, ein Scheinangriff ist: »Der Fuß einer Käsemade / trat einen Löwen / so sehr, dass er ihn verletzte« (FB 2).

Wenn das Universum zerstückelt ins Gedicht kommt, wenn der Spiegel der Realität in tausend Scherben liegt, ist jede Beschaulichkeit und Behaglichkeit für immer verloren. Die Welt spielt verrückt. Und sie ist nicht zu retten, sie »spaltete sich mittendurch« (FA 2). Das verbindende Band des Sinns ist zerrissen. Kopflosigkeit und fehlende, abgetrennte Körperteile stehen für ein kannibalisches Universum: »Ein Klugkopf ohne Verstand, / ohne Mund, ohne Zähne, / fraß die Welt auf« (FA 50). In dem heillosen Durcheinander der Fatrasie verbirgt sich ein rätselhafter ernster Kern.

Es wohnt auch Unheimliches in diesen wuselnden Bildern voller Anarchie. Und es ruft ein leises Grauen vor den möglichen Abgründen hervor. Sind es Miniaturen von Albträumen, in denen nichts an seinem Ort bleibt, sondern alles in beängstigende Bewegung gerät? Oft sind es kleine heillose Höllen, jedenfalls keine Orte der Behaglichkeit. Noch einmal fallen einem Hieronymus Bosch und seine ungemütlichen Jenseitsvisionen ein. Der Fatrasien-Dichter zelebriert ein entfesseltes, unkontrollierbares Geschehen. Es herrscht Aufruhr, Bewegung. Zur Erinnerung: »Bewegung vor allen Dingen« (Du mouvement avant toute chose), so lautete eine der Forderungen an die moderne Poesie in Paul Verlaines *Art poétique* (1874). Die Fatrasie scheint es ebenfalls auf uneingeschränkte Bewegung abgesehen zu haben, auf schiere Dynamik, auf die Entfesselung des Denkens.

Es sind nicht einfach gereihte Einzelabsurditäten, sondern es herrscht eine durchtriebene Dramaturgie, die Entwicklung und Enthüllung einer Unordnung, eines dynamischen, paradoxen Ganzen. Die »Entregelung der Sinne«, die Arthur Rimbaud in seinem *Seher-Brief* (La Lettre du Voyant) vom 15. Mai 1871 als Forderung an die moderne Poesie stellte, hat in der bilderwütigen Fatrasie einen Vorläufer. Der Dichter habe, so Rimbaud, »das Feuer zu stehlen«, sich durch eine »lange, grenzenlose und durchdachte Entregelung aller Sinne« zum »Seher« zu machen, um zum »Unbekannten« vorzustoßen und teilzuhaben an der »Fülle des großen Traumes«. Soweit Rimbaud, in dessen *Illuminations* (Leuchtende Bilder, 1875), diesem Höhepunkt moderner Poesie, das fatrasische Feuer brennt.

Der Witz, der Wahn, das Wunder

Trotz aller möglichen Abgründe herrscht eine Art wankender Feststimmung in den Fatrasien, eine hintergründige Ausgelassenheit. Dreimal wird das Lachen thematisiert. Das »Lachen eines Hahns« gibt den Ton an (FA 31), dann wird aus einem »Kapuzenunterrock« – mehr Kapuze oder mehr Unterrock? – ein Lachen fabriziert (FA 41). Schließlich serviert Philippe de Beaumanoir aus »Paris,

Rom und Syrien« ein Hühnerfrikassee und teilt uns mit: »Keiner aß es ohne Lachen« (FB 5).

Die Verrücktheit dominiert alle Fatrasien und bekennt sich dazu: »Es war der reine Wahnsinn« (FB 9). Die Autoren der Fatrasien klagen nicht über eine neue verrückte Welt und jedermanns Wahn, sondern führen sie komplizenhaft, mit Lust und Ausgelassenheit vor. Sie inszenieren eine verrückte Welt lustvoll im Spiel. Sie schaffen selber den Wahn und freuen sich offensichtlich daran. Die Fatrasien rufen einen poetischen Rausch hervor, vergleichbar mit ebenjenem Topf Honigwein, der den »Esel fliegen macht« (FA 37). Der Witz, der Wahn, das Wunder – sie sind die Beweggründe jeder wahren, wirkenden Poesie.[21] Sind die Fatrasien hochbrisante Zaubersprüche, heilsame Beschwörungen oder purer Nonsens? Vielleicht alles zugleich.

Aber wer spricht? Erstaunlich oft, zwanzig Mal, erscheint ein »Ich« in den Fatrasien, das spricht, singt, schreit, handelt oder schaut. »Ich sah...« lautet mehrfach die Ankündigung einer neuen abstrusen Vision. Dieses Ich gibt sich als Augenzeuge der absurden Ereignisse aus, die noch keiner vor ihm je gesehen hat. Es simuliert die Authentifizierung aller geschauten Wunder. Die Fatrasie lebt vom Unerhörten, Niegesehenen. Dieser Zeuge ist gleich auch noch der Erzeuger all der bizarren Absonderlichkeiten. Die sprachlichen Wunder sind selbstgemacht – das ist der Sinn der Poesie.

Dieses Ich spricht andere an (»Hört her, was ich sage«, FA 32; »Ratet mal, Kopf oder Zahl«, FA 36), eine Gruppe, ein Gegenüber, und gern mag es Fremdsprachen, um die Fremdheit des Gesagten noch zu steigern: »Ich sagte ihnen auf schottisch: / Könnte man fette Erbsen machen / aus den Hoden eines Schmetterlings? / Und aus dem Schwanz einer Weinbergschnecke / Schlösser und Glockentürme?« (FA 7). Ja, wer das wüsste...

Dieses Ich lässt sich manchmal zu direkten Bekenntnissen hinreißen: »Ich besitze, was ich begehre« (FA 18); »Rief ich, der ich mich nie rühre« (FA 24); »Ich weiß nicht, was ich denken soll« (FA 50), und natürlich folgt das poetologische Credo: »Ich dichte im Schlaf« (FA 54).

Hier spricht ein freier Poet, ein anonymer Phantast, der sieht, spricht, singt und schreit, der alles kreuzt und nichts behält, der tut und lässt, was er gerade will – selbst in der Enge der vorgegebenen festen Form. Und damit: was die Sprache will. Die Fatrasie feiert die jugendliche Vitalität der Sprache, deren nie endende Abenteuer. Nie war die Poesie freier als in diesen absurden Gebilden, nie war die pure poetische Anarchie greifbarer. Sie ist von einer staunenmachenden, bizarren Schönheit. Was für ein Angebot an phantastischen Bildern! Die Fatrasie ist ein Genussgift ersten Ranges für Poeten, Literaturliebhaber und Leser, die überzeugt sind, dass die Ursprünge der modernen Dichtung weit zurück ins Mittelalter und in die Antike reichen.

In ihrer frühen, entfesselten Radikalität und Konzentration stehen diese französischen Gedichte einzigartig da. Die Fatrasien vom Ende des 13. Jahrhunderts sind in siebenhundert Jahren noch nie ins Deutsche übersetzt worden, auch dem Fatras des 14. Jahrhunderts erging es nicht besser. Es geschieht hier zum ersten Mal, als Versuch, eine bislang unbeachtete Wurzel der modernen Dichtung freizulegen. Aber auch aus schierem Vergnügen an der phantastischen Freiheit und am Eigenwillen der Poesie. Letztlich bedeutet die Fatrasie die befreiende Lust auf sprachlichen Widersinn. Sie ist der offenbarte Spieltrieb der Sprache. Sie ist ein Fest purer Poesie.

Ralph Dutli

PS. In meiner deutschen Übertragung geht es darum, die verrückten Bilder der Fatrasien möglichst genau wiederzugeben, ein Maximum an präziser Absurdität zu schaffen. Die strenge, enge Form zu reproduzieren wäre ein Unternehmen von fatrasischer Unmöglichkeit. Es sei denn, man wollte auf die mittelalterlichen Bilder verzichten und neue, moderne Absurditäten erdichten (was jedem Zeitgenossen freisteht). Hier wird gleichsam das geschliffene Juwel von seiner Fassung in den Zustand des sprachlichen Rohdiamanten zurückgeführt. Der Sinn vieler Wörter bleibt rätselhaft. Ohne die philologischen Bemühungen der Editionen von Lambert C. Porter

(1960) und Martijn Rus (2005, vgl. »Literatur«) wäre dieses kleine Nonsens-Projekt unmöglich. Noch ein Glücksfall: Als ich 1994 von Paris nach Heidelberg kam, ahnte ich nicht, dass es auch ein Umzug in eine Stadt war, in der die altfranzösische Sprache sozusagen eine Gesandtschaft unterhielt. Ausgerechnet in meinem Wohnort Heidelberg entsteht das DEAF (»Dictionnaire Etymologique de l'Ancien Français«), ein bewundernswürdiges Unternehmen, alle Wörter des Altfranzösischen in ihrer Bedeutung und Wortgeschichte zu erfassen. Ein fünfköpfiges Team (Stephen Dörr, Marc Kiwitt, Frankwalt Möhren, Thomas Städtler, Sabine Tittel) ist mit dieser stillen Kathedrale aus lauter Wörtern beschäftigt. Wenn selbst die Luft am Neckar von altfranzösischen Wörtern schwirren darf, ist der Gang zu den Fatrasien nicht abwegig, die Reise an den Fluss Scarpe, der durch Arras fließt. Die Poesie ist der jenseits von Raum und Zeit alle Flüsse einigende Fluss. Botschaft an Freunde: Scarpe diem, Neck-Arras.

Anmerkungen

1 Literatur: Lambert C. Porter: *La fatrasie et le fatras*. Essai sur la poésie irrationnelle en France au Moyen-Âge, Genève/Paris 1960. – Paul Zumthor: Fatrasie et coq-à-l'âne (de Beaumanoir à Clément Marot). In: *Fin du Moyen Âge et Renaissance*. Mélanges de philologie française offerts à Robert Guiette, Anvers 1961, S. 5-18. Ders.: Fatrasies, fatrassiers. In: *Langue, texte, énigme*, Paris 1975, S. 68-88. – Alfred Liede: *Dichtung als Spiel*. Studien zur Unsinnspoesie an den Grenzen der Sprache. 2 Bände, Berlin 1963. – Wilhelm Kellermann: Über die altfranzösischen Gedichte des uneingeschränkten Unsinns. In: »Archiv für das Studium der neueren Sprachen und Literaturen«, Nr. 205, 1969, S. 1-22. – Fritz Nies: *Fatrasies* und Verwandtes – Gattungen fester Form? Zur Systematik altfranzösischer Unsinnsdichtung. In: »Zeitschrift für romanische Philologie«, Bd. 92, Heft 1/2, 1976, S. 124-137. – Heinz Jürgen Wolf: *Fatrasie* – Kritik und Etymologie. In: *Romanica Europaea et Americana*. Festschrift für Harri Meier, Bonn 1980, S. 639-657. – Giovanna Angeli: »Mundus inversus« et »perversus«, de la fatrasie à la sottie. In: »Revue des Langues Romanes«, Vol. 86, 1982, S. 117-132. – Patrice Uhl: Quelle est la fonction de la 55° strophe dans le recueil des Fatrasies d'Arras? In: »Zeitschrift für französische Sprache und Literatur«, Bd. XCIX, 1989, S. 142-153. Ders.: Observations sur la strophe fatrasique. In: »Zeitschrift für Romanische Philologie«, Bd. 107, 1991, S. 13-46. Ders.: *La constellation poétique du non-sens au Moyen Âge*. Onze études sur la poésie fatrasique et ses environs, Paris 1999. – Michèle Gally: Poésie en jeu ou des jeux-partis aux fatrasies. In: *Arras au moyen-âge*. Histoire et Littérature. Textes réunis par Marie-Madeleine Castellani et Jean-Pierre Martin, Arras 1994, S. 71-80. – Martijn Rus: Die Fatrasie: eine kleine Unbekannte der französischen Unsinnspoesie des Mittelalters. In: Th. Stemmler/Stefan Horlacher (Hg.): *Sinn im Unsinn*, Tübingen 1997, S. 43-56. – *Poésies du non-sens*. XIIIe-XIVe-XVe siècles. Tome I: Fatrasies. Fatrasies de Beaumanoir. Fatrasies d'Arras. Textes édités, traduits et commentés par Martijn Rus, Orléans 2005.
2 Die anonymen Fatrasien aus Arras: Manuscrit No. 3114, Bibliothèque de l'Arsenal, Paris. Die Fatrasien von Philippe de Beaumanoir: F. fr. No. 1588, Bibliothèque Nationale, Paris.
3 Michail Bachtin: *Literatur und Karneval*. Zur Romantheorie und Lachkultur. Aus dem Russischen übersetzt und mit einem Nachwort versehen von Alexander Kaempfe, München/Wien 1969.
Michail Bachtin: *Rabelais und seine Welt*. Volkskultur als Gegenkultur. Aus dem Russischen von Gabriele Leupold. Herausgegeben und mit einem Vorwort versehen von Renate Lachmann, Frankfurt am Main 1987.
4 Ein schönes Beispiel ist das um 1335 entstandene, jahrhundertelang unbekannte, erst im Jahr 2004 aufgetauchte »Macclesfield Psalter«. Vgl. Stella Panayotova: *The Macclesfield Psalter*. With a Complete Reproduction at the Original Size of this 14th-Century Prayer Book in the Collections of the Fitzwilliam Museum, Cambridge, and 95 Colour Details, London 2008.
5 Katrin Kröll/Hugo Steger (Hg.): *Mein ganzer Körper ist Gesicht*. Groteske

Darstellungen in der europäischen Kunst und Literatur des Mittelalters, Freiburg i. Br. 1994. Hier besonders: Katrin Kröll, Die Komik des grotesken Körpers in der christlichen Bildkunst des Mittelalters, S. 11-105.
6 Götz Pochat: *Das Fremde im Mittelalter*. Darstellung in Kunst und Literatur, Würzburg 1997.
7 Jacques Le Goff: *Das Lachen im Mittelalter*. Mit einem Nachwort von Rolf Michael Schneider, Stuttgart 2004.
8 Maria Caterina Jacobelli: *Ostergelächter*. Sexualität und Lust im Raum des Heiligen, Regensburg 1992.
9 Bibliothèque Nationale, Paris, f. fr. 14968, 162 r° bis 169 r°.
10 Olaf Pluta: »Deus est mortuus.« Nietzsches Parole »Gott ist tot!« in einer Geschichte der *Gesta Romanorum* vom Ende des 14. Jahrhunderts. In: Friedrich Niewöhner, Olaf Pluta (Hg.): *Atheismus im Mittelalter und in der Renaissance*, Wiesbaden 1999, S. 239-270 (Wolfenbütteler Mittelalter-Studien, 12)
11 Ernst Robert Curtius: *Europäische Literatur und lateinisches Mittelalter*, Bern 1948, S. 104-108 (»Verkehrte Welt«).
12 *Das Gilgamesch-Epos*. Neu übersetzt und kommentiert von Stefan M. Maul, München 2005, S. 93.
13 Vergil: *Landleben*. Bucolica. Georgica. Catalepton. Ed. Johannes und Maria Götte. 4. verbesserte Neuauflage, München 1981, S. 47.
14 Publius Ovidius Naso: *Tristien*. Nachdichtung aus dem Lateinischen, Nachwort und Anmerkungen von Volker Ebersbach, Leipzig 1984, S. 27.
15 *Carmina Burana*. Die Lieder der Benediktbeurer Handschrift. Übersetzung der lateinischen Texte von Carl Fischer, der mittelhochdeutschen von Hugo Kuhn. Anmerkungen und Nachwort von Günter Bernt, Zürich/München 1974, S. 19.
16 Ralph Dutli: Ein Lied aus reinem Nichts. Dichten im Schlaf, Dichten zu Pferd: Guilhem IX. In: R.D., *Nichts als Wunder*. Essays über Poesie. Ammann Verlag, Zürich 2007, S. 40-52.
17 Ralph Dutli: Wie viele Wahrheiten? Eine Wiedergeburt im »Tauwetter«: François Villon. In: R. D., *Nichts als Wunder*, S. 53-67.
18 François Villon: *Dichtungen*. Die Legate. Das Testament. Vermischte Gedichte. Deutsche Übersetzung von Carl Fischer. München 1963?, S.167, 175.
19 Ebendort, S. 73.
20 Daniel Poirion (Hg.): *Précis de littérature française du Moyen-Âge*, Paris 1983, S. 175 (Jean-Pierre Bordier: « Formes d'antilyrique agressif »).
21 Vgl. die Stichworte »Anti-Utopie: Lachen, Poesie«, »Witz und Metapher«, »Durchtriebene Ohnmacht«, »Droge«, »Rausch«, »Weinbau, Poesie«, »Voll vom Gott«, »Magischer Tod« und »Wenn er träumt« in der Abteilung »Der allerärmste Ort. 50 Stufen (auf & ab) zur Poesie« meines Buches: Ralph Dutli, *Nichts als Wunder*, S. 225, 229, 234, 235, 240/241, 242.

NB! Die altfranzösischen Vorlagen der »Fatrasien« in diesem Buch nach der Ausgabe Rus (Orléans 2005); die »Fatras« von Watriquet, Anonymus und Baudet Herenc – nach der Ausgabe Porter (Genf 1960); die »Fatras« von Jean Régnier – nach der Ausgabe: *Les Fortunes et Adversitez de Jean Regnier*. Texte publié par E. Droz (Paris 1923).

Inhalt

Anonym: Die Fatrasien aus Arras

1 Frost ohne Kälte 7
2 Ein Käse aus Wolle 8
3 Ein Brettspiel 9
4 Eine Wurst aus Glas 10
5 Zwei Wucherer-Ratten 11
6 Ein Käse vom Kranich 12
7 Im Winkel einer Möse 13
8 Ein Mörser aus Federn 14
9 Ich sah einen Turm 15
10 Ich sah ein Kreuz 16
11 Ich sah Saint-Quentin 17
12 Katzen mit abgezogenem Fell 18
13 Ein totgeborener Greis 19
14 Knoblauchsoße aus Stroh 20
15 Ein Seidenstoff aus Wolle 21
16 Senf von einer Ente 22
17 Der Klang eines Blashorns 23
18 Fette weiche Steine 24
19 Ein Drache von Hühnchen 25
20 Auf der Erde lebende Aale 26
21 Ein Strohballen 27
22 Ein behaarter Kiesel 28
23 Der Furz einer Käsemade 29
24 Der Schatten von einem Ei 30
25 Eine alte Bratpfanne 31
26 Ein einheimischer Fremder 32
27 Der Fuß eines Schemels 33
28 Ein Pferd aus Asche 34
29 Ein Furz mit zwei Ärschen 35
30 Ein runder Baum 36

31 Ein halber Scheffel Hafer 37
32 Vier aufgehäufte Ratten 38
33 Eine vom Schwein geborene Kuh. 39
34 Ein schöner Mann ohne Kopf 40
35 Eine Rose von einem Karpfen 41
36 In Feldern und Städten 42
37 Ein Hund mit abgezogenem Fell 43
38 Ein Kothaufen ohne Scheiße 44
39 Großen Aufruhr machten 45
40 Eine Kaldaune aus Senf 46
41 Schmalz von einem Murmeltier 47
42 Ein schöner Mann ohne Kopf 48
43 Ein heiliger Leib aus Celle 49
44 Wasserbecken in Kerzenhalterform 50
45 Ein Würfel mit neun Punkten 51
46 Eine schwangere Sau 52
47 Der Schwanz eines Furzes 53
48 Engländer aus Holland 54
49 Lieder aus Lauchsuppe 55
50 Ein Klugkopf ohne Verstand 56
51 Ein Eierkuchen aus Nichts 57
52 Das Nest einer Krähe 58
53 Ein weißer Rock von schwarzer Farbe. 59
54 Ein gefiederter Bär 60
55 Auf der Erde lebende Aale 61

Philippe de Beaumanoir: Fatrasien

1 Der Gesang eines Frosches 65
2 Der Fuß einer Käsemade 66
3 Ich sah das ganze Meer 67
4 Ein großer saurer Hering 68
5 Das Fett eines Hühnchens 69
6 Ein berauschter Würfel 70
7 Ein großer Karpfen 71

8 Vierzehn alte Trensenzäume 72
9 Der Kopf eines Knurrhahns 73
10 Ein altes Hemd 74
11 Gournay und Ressons 75

Watriquet Brassenel de Couvin: Fatras

1 Sanft tröstet und ermutigt mich 79
2 Ich will nun von der Liebe lassen 80
3 Der guten Liebe gab ich mich hin 81
4 Da ich von meiner Dame scheiden muss 82
5 Trotz verleumderischer Verräter 83
6 Madame, die ich mit feiner Liebe liebe 84
7 Also seh ich euch nun gar nicht mehr 85
8 Durch feine Liebe werd ich ein feiner Freund 86
9 Meine Dame, Euer Anblick 87
10 Die große Schönheit, o Dame, Eures Gesichts 88
11 Freund, sei nicht niedergeschlagen 89
12 So sehr ist Liebe eine noble und mächtige Tugend 90
13 Meine Dame, wenn ich den Teig geknetet habe 91
14 Freunde, liebt mit dem Herzen einer Freundin 92
15 Liebe, warum hast du mich gepackt 93

Anonymus: Ein einziger Fatras

Hütet also besser eure Hühner 97

Baudet Herenc: Zwei unmögliche Fatras

1 Die Dinge stehen denkbar schlecht 101
2 Es gibt kein besseres Getränk als Wein 102

Jean Régnier: Vier letzte Fatras

1 Ertragen, ertragen muss ich 107
2 Eine Schöne, Supersanfte, Seidig-Süßgebaute 108
3 Eine Süße, Saftig-Sanfte, Sensationelle 109
4 Übel auf Übel schafft keine Gesundheit 110

Nachwort

Fliegende Esel. Die unmögliche Poesie der Fatrasien 113

Dank

an den Deutschen Übersetzerfonds e.V. Berlin für die Förderung meiner Übertragungen der Fatrasien; an Thomas Städtler, Heidelberg (»Dictionnaire Etymologique de l'Ancien Français«) für guten Rat und freundliche Lektüre; an meine Frau, Catherine Dutli-Polvêche, die mir beigebracht hat, die phänomenale Literatur des französischen Mittelalters bis an ihre Ränder zu lieben. Ihr widme ich diese Blätter und Blüten auch meiner poetischen *folie*.

Die Lieblingsgedichte der Deutschen

Herausgegeben von Lutz Hagestedt. 174 Seiten mit 20 Federzeichnungen von Wolfgang Nickel.
Piper Taschenbuch

Klassiker wie Goethes »Mailied«, Hölderlins »Hälfte des Lebens«, Eichendorffs »Sehnsucht« oder Rilkes »Herbsttag«, Liebesgedichte wie Erich Frieds »Was es ist« oder Bertolt Brechts »Die Liebenden«, aber auch Humorvolles von Joachim Ringelnatz, Erich Kästner und Kurt Tucholsky – in diesem liebevoll gestalteten Band mit den hundert bekanntesten und beliebtesten deutschen Gedichten werden auch Sie gewiß Ihr persönliches Lieblingsgedicht wiederfinden. Ein schönes Geschenk zum Sich-Erinnern, zum Nachlesen und zum Neu-Entdecken.

»Worte prägen, Gedichte stiften Kontinuität, besonders wenn man sie auswendig kann. Gedichte sprechen von Dauer, die Zeiten ändern sich, die Klassiker bleiben auf ihren Sockeln.«
Lutz Hagestedt im Nachwort

Deutsche Balladen
Von Matthias Claudius bis Georg Trakl

Herausgegeben von Hans Joachim Hoof. 605 Seiten.
Piper Taschenbuch

Mal rezitiert, mal gesungen, immer haben Balladen das Herz des Publikums in besonderer Weise angesprochen. Sie erzählen wundersame, geheimnisvolle und unglaubliche Dinge, Heldentaten, die die Phantasie anregen, Katastrophen, die mit dem eigenen Schicksal versöhnen. In dieser repräsentativen Auswahl wird der Bogen von der frühesten Balladenzeit, dem literarischen Rokoko, bis zur Gegenwart geschlagen: Gleim, Claudius, Goethe, Schiller, Hauptmann, Keller, Trakl und viele andere. Ein historischer Querschnitt zum Nachlesen, zum Vorlesen und zum Vergnügen.

Die schönsten Liebesgedichte

Herausgegeben von Michaela Kenklies. 208 Seiten.
Piper Taschenbuch

Liebesrausch und schmerzliches Vergnügen, geglückte Flirts und verpaßte Chancen: Kein Gefühl beflügelt Dichter mehr als die Liebe. Dieses Buch enthält die schönsten deutschen Liebesgedichte vom Mittelalter bis heute, so facettenreich wie die Liebe selbst. Von Walther von der Vogelweide über Johann Wolfgang von Goethe und Clemens Brentano bis zu Friedrich Hölderlin, Rainer Maria Rilke, Ingeborg Bachmann und vielen anderen. Eine bezaubernde Sammlung für Verliebte, Geliebte und Liebende.

Die schönsten Balladen

Herausgegeben von Annika Krummacher. 288 Seiten.
Piper Taschenbuch

Noch immer haben Balladen einen ganz besonderen Platz in der deutschen Literatur. Wer hat nicht die eine oder andere Zeile im Kopf – ob aus Goethes »Erlkönig«, aus Schillers »Die Kraniche des Ibykus« oder aus Eichendorffs »Das zerbrochene Ringlein«? Doch wie die ganze Ballade lautet, daran erinnert man sich nicht mehr... Dieses Buch schafft Abhilfe. Es versammelt die hundert schönsten und beliebtesten deutschen Balladen in einem historischen Querschnitt. Ein wunderbares Geschenkbuch, zum Vorlesen, zum Selberlesen, zum Neuentdecken und Wiedererkennen.

Ralph Dutli
Das Lied vom Honig
Eine Kulturgeschichte der Biene

208 S., geb., Schutzumschlag
ISBN 978-3-8353-0972-2

Die Biene gab Anlass zu religiösen Riten, Aberglauben und Wundergeschichten. Sie stand für Gemeinschaftssinn, Selbstaufopferung, Zukunftsvorsorge, durchdachte Ordnung, Reinheit, Fleiß und Fülle. Aber auch: für Magie und Prophetie, Seele und Inspiration.
Ralph Dutli erzählt davon mit kenntnisreicher Gewitztheit und Poesie.

»Dutli weiß, wie man seine Leser verführt.«
Guido Kalberer, Tagesanzeiger

www.wallstein-verlag.de